Tui Bian

蜕变

郑金侠

著

陕西新华出版传媒集团
陕 西 人 民 出 版 社

图书在版编目(CIP)数据

蜕变／郑金侠著．-- 西安：陕西人民出版社，2021.4

ISBN 978-7-224-14036-1

Ⅰ．①蜕… Ⅱ．①郑… Ⅲ．①冯积岐—传记②冯积岐—文学评论 Ⅳ．①K825.6②I206.7

中国版本图书馆CIP数据核字(2021)第046268号

总 策 划：宋亚萍　李晓锋
策划编辑：梁彩虹
责任编辑：梁彩虹　杨金娥
封面设计：姚肖朋

蜕变

作　　者　郑金侠
出版发行　陕西新华出版传媒集团　陕西人民出版社
　　　　　(西安市北大街147号　邮编：710003)
印　　刷　陕西博文印务有限责任公司
开　　本　787mm×1092mm　1/16
印　　张　11.75
字　　数　200千字
版　　次　2021年4月第1版
印　　次　2021年4月第1次印刷
书　　号　ISBN 978-7-224-14036-1
定　　价　49.00元

如有印装质量问题，请与本社联系调换。电话：029—87205094

序

写《蜕变》(原名《用苦难铸成文字》)是一个很偶然的机会。

2012 年，文化艺术出版社出版了冯积岐的长篇小说《非常时期》以后，该社社长沈梅女士开始关注作家冯积岐及其创作。一次相聚中，沈梅女士、《传记文学》主编赵春强先生、《文艺研究》主编方宁先生一致建议冯积岐在北京开个作品研讨会，总结一下 30 年的创作，再做个评传。对于朋友的真诚建议，他觉得都是出自一番好意。他认为，一个作家说话的分量是作品，作品就是作家的传记。后来，他还是决定采纳。自传会有自我评判不客观之嫌，评传较为公允，特别是从一个普通读者的角度看他、写他更有说服力。当冯积岐老师与我谈及此事，说实话，当时我很忐忑，也深感意外，担心自己写不好。而且，我知道，但凡写评传都是找名家、大家写，为什么选择我来写？他说："你不问我也知道你会有这个疑惑，原因有两点：首先是地缘关系，都是土生土长的岐山人，出自农村，对农村生活熟悉，对农民有切身的深厚感情。其二是校友，我是 80 年代在西北大学作家班读书，而你是 90 年代中期上的西北大学。同在古城西安先后上同一所大学，相同的文化熏陶，自然会产生统一的文化背景与文化认知，这是去剖析一个作家很重要的文化基础。如果有第三个原因，那就是你的文字功底，我是认同的，我看过你的文章，素朴，透着泥土的气息，而且不乏思想的火花，适合写纪实类的。"

偶然中似乎又有些必然的因素，于是，我接下了这个活儿。从 2013 年上半年开始，我找机会对冯积岐老师进行实地采访，包括绝大多数时间我在岐山他在西安，写作的过程中，不清楚的我就打电话问，更多时候是电话采访，搜集写作素材。其间，我被作家对文学的执着与虔诚深深地感动，可以说，冯积岐老师是我写作之路的一面镜子。我暗暗下定决心：一定要写，而且要写好。

通过采访，书写作家冯积岐，一是了解了他的人生史、成长史和创作史，知道了他在文学创作这条道路上是怎么走过来的，有什么经验和教训值得我们去学习和借鉴。二是要给他写这部评传，就必须学习和研究他近千万字的文学作品，通过对他的小说散文随笔的学习研究，我从中悟出了一些道理，对我的写作有很大的帮助。三是冯积岐这些年几乎读遍了古今中外的经典作品，吸收了西方许多大家的创作经验，这也是我研究他的一个新的视角。四是冯积岐从农民蜕变成为著名作家，无疑是一个成功的范例，通过给他写评传，我了解到，他成功的秘诀之一就是对文学的坚持，孤独中的坚守与极度的自律，以及具有常人难以想象的吃苦精神。如他自己所说，我的写作就是活着，我的活着就是写作。给冯积岐写评传也是对我自己写作的促进和锤炼。

《蜕变》的第一、二章写好之后，我通过电子邮箱发给了文化部主管、中国艺术研究院主办的《传记文学》杂志。杂志社对我的作品很满意，很快就在2014年《传记文学》第一期刊登。作品的面世，给了我很大的鼓舞，我有了继续写下去的信心。于是，一鼓作气，边写边发，十二章《用苦难铸成文字》总计十二万字左右在2014年《传记文学》杂志连载十二期(每月一期)。

2015年，由于采访工作滞后、我后期的写作没有跟上杂志连续出版的节奏以及时间等种种原因，剩余章节没有再在《传记文学》连载，但是对书稿的修订工作一直没有停止。

2018年，我重新对这部评传进行构架、修改与完善，于2019年末完成，改名《蜕变》。评传《蜕变》不仅展现了一位优秀作家艰难的人生与创作历程，而且会让读者看到，一个真正的作家，必定是一个文学虔诚的皈依者，无论环境如何变化，信念不变，追求不变。冯积岐对于孜孜以求的文学事业，一直坚持并坚守自己的艺术美学观，像牛一样地劳作，像土地一样地奉献。他不问收获、志在耕耘的追求精神是对文坛、对文学最公允的回答。正如他常说的那句话："命运不会亏待为它付出的人。"

《蜕变》分为两部分。一部分是冯积岐的人生历程、写作历程，一部分是对冯积岐的作品的认知和评论。我觉得，第一部分，我写得比较顺畅，也比较完满。第二部分，对我来说是一个短板。因为自己的理论水平有限，虽然基本上读完了他的全部作品，但是对作品的认知可能大多只停留在感性层面，缺乏理论的概括与提升，也没有做到比较全面的分析评价。这些，只能留待有眼力的学者、评论家去补充。

目录

第一章　村子，白皮松及祖母

1

冯积岐的多部小说中讲述的故事都发生在一个叫凤山县“松陵村”的地方。这个“松陵村”是他给自己的小说人物搭建的舞台，是他创作的“背靠点”，他人生的苦难与蜕变就是在这块土地上滋生、出现的。对他来说，“松陵村”无疑是一块饱蘸着苦难的“苦地”。就像福克纳笔下的约克纳帕塔法县、沈从文一唱三叹的湘西、莫言极尽渲染的高密东北乡一样，“松陵村”就是独特的“那个村”。“松陵村”泥泞的街道，豁豁牙牙的土墙，灰头灰脑的土厦房，粗壮高大的中国槐，大摇大摆的老牛蔫驴，公然在村街上追逐嬉闹的公狗、母狗，鸡鸣猫叫，以及从家家户户的烟囱里飘出来、带着柴草燃烧的既熟悉又亲切的气味，都清晰可闻。包括街道上堆放的柴草、粪堆，院门前的门墩、石头都有明确的位置。“松陵村”是冯积岐不可逃避的乡愁，也是他最敏感的神经。它和约克纳帕塔法县、湘西、高密东北乡截然不同的是：“松陵村”让冯积岐伤心、伤痛、伤感，是他的人生拉开幕布的锣鼓齐鸣之地。他对“松陵村”的情感既暧昧又复杂。读者一旦走进“松陵村”，时时刻刻都能感受到属于他的灵魂的神秘归宿，从而产生亲近的神往和探究的欲望。

“松陵村”是冯积岐的出生之地陵头村的衍化和别名。

陵头是一个听着令人伤感的村名。

松陵村，既有象征和隐喻，又含有实质性的内容，因为有一棵粗壮高大的白皮松矗立在村口，还因为有既能说清而又说不清的陵墓遗存在村子周边的田野里。

陵头村这个在共和国的十万分之一的版图上也找不见位置的小村庄，位于关中西部岐山县城的西北方向，距离县城仅仅三公里半路。村子紧偎着千山余脉(当地人称之为北山)，面向开阔肥沃的关中平原。在冯积岐童年的记忆里，村子的四周是敦敦实实的城墙，城墙上星星点点的青苔好像穷人衣服上的补丁一样乱七八糟，只有眨巴着眼睛的蓝色或者黄色的不知道名字的花朵才能牵动孩子们的好奇。城墙四周是城壕。坐在城墙上向下俯瞰，仿佛坐在一条停泊的船上荡悠。城墙外的东南角是村里人给牛饮水和孩子们夏天玩水的涝池，就是这个涝池，曾给冯积岐“松陵村”的故事增添了令人兴趣盎然的色彩。冯积岐的几个短篇小说都和涝池有关。

松树下的故事更是俯拾即是。挺拔的白皮松威严地挺立在陵头村的村口。据村里人说，这棵白皮松历经了上千年的风风雨雨。而陵头村的陵墓和古老而神奇的岐山血脉相连。岐山是周王朝的肇基之地。传说，曾有凤凰在岐山县城外一个叫作“凤鸣岗”的山顶上鸣叫三声而天降祥瑞，“凤鸣岐山”由此便用文字定格在了《诗经》里，被后世人演绎了许许多多的故事。在“松陵村”的故事中，冯积岐多次提及的周公庙，就是《诗经》里所说的“卷阿”，它是周王朝的奠基之地，距离陵头村仅仅三里路。

2004 年春天，陕西省考古队和北京大学考古队在周公庙东边的山梁上发现了庞大的西周贵族墓群，陵头村是西周贵族墓群的一部分。按照陵头村人的说法，他们住在陵墓的头上，陵墓的主人正是西周的皇室或贵族，不然，不会叫“陵”，只会叫坟。这是陵头村来历的一种说法。而有据可查的是，陵头村埋藏着唐末的秦王李茂贞的儿子李从严和夫人。李茂贞在凤翔称王后，他的儿子以千岁自封。他们的坟墓自然称为“陵”。1940 年，在陵头村东边的地里，有人挖出了一块石碑，石碑上记载着这件事。石碑的拓片曾经被陵头村的绅士冯耀林收藏。这是陵头村来历的第二种说法。

冯积岐的祖父是陵头村有名的庄稼把式，外号“挣死牛”，也是远近闻名的大木匠。兄弟四人分家时，他只分得了几亩地，几十年后，他一块一块银元地攒钱，一分一分地买地，终于把自己积累成了一个地主，名下有二百亩土地、一辆木轱轮大车、三头牛、两头骡子和一名长工。祖父用自己的俭朴赢得了“细死鬼”的绰号：犁地时，他把一双鞋别在裤腰带上，宁肯磨烂一双脚，也不愿意磨烂一双鞋；他的腰带已经烂成布绺子，也不换一件新的；他外出做木匠活时，给家里人用木勺子留下十天或八天要吃的盐、醋，而辣椒则是用“个”计算——不多留一钱盐、一勺醋、一个辣椒，连家里人吃的调料，他也掌握着。吃馍时，有谁掉一个馍渣儿，也要很快用手指沾起来放进嘴里；喝完糊汤，吃完小米饭，一定用舌头转着圈儿把饭碗舔得干干净净才行。在冯积岐童年的记忆里，有一次，他端着一只木碗喝糊汤，不小心将糊汤洒了出来，祖父一巴掌就过来了。那一年，他才五岁。

1950 年土改后，冯积岐的祖父名下那二百亩土地剩下了十六亩，三座庄基留下了一座，大型农具全部被没收。祖父戴上了地主分子的帽子，但他那双布满老茧的大手还在不停地劳作，只是那张四方型的脸整天阴沉着，一撮小胡子上也挂着愁楚。

1953 年农历二月初二，冯积岐就出生在这样的“陵墓”之头——陵头村的这户农民家庭。

按照关中西府人的说法，二月二，是“龙抬头”的日子，大地解冻，万物复苏，“龙”开始活跃。这个“龙”极具有象征意义，象征着吉祥。按照这种说法，冯积岐出生在一个很吉祥的日子里。可是，他的人生证明，这种说法实在不靠谱，人生的每一个日子对他来说都像秦岭浅山的山核桃一样涩滞，饱浸着苦汁。他的苦难似乎没有因为日子的吉祥而得以解脱。

1953 年农历二月初二，是一个阴沉沉的日子。清早起来，天空零星地飘着雪花，铅色的云层压得很低，四合院仿佛重霜杀了的麦苗般沉闷。勤劳的祖父和祖母照常起得很早。本来言语很少的祖父进了牛圈，照例给仅有的两头牛拌草、垫圈。

祖母踮着一双小脚走进厨房去做饭。早饭是一人一碗拌汤一个蒸馍，没有菜。农村人常年四季不买菜吃。祖母把一碗拌汤和一块蒸馍给母亲端进了房间。黎明时分，母亲就喊肚子疼。但是，孩子还是没有生下来。这时候，在岐山县第五区公所任生产干事的父亲正在驻村农民家里吃早饭，他哪里知道，年轻的妻子就要临盆了。

母亲折腾了一天。天黑不久，农村人刚刚吹灭了菜油灯准备睡觉的时候，冯积岐落草了。祖母用自己的旧衣服做成的小被子紧紧裹住冯积岐瘦小的躯体和他微弱得像小猫一样的啼哭。作为长孙，他的降生并没有给这个风雨飘摇的家庭带来万千喜庆和莫大的慰藉。家中弥漫着的透不过气来的灰色情绪无形中输送给了这个小生命一种忧郁，冯积岐的人生似乎从一开初就涂上了灰暗的色泽。直到现在，冯积岐紧蹙的眉头，还有半生接连不断的坎坷和苦难际遇，便是镌刻在其幼年记忆皱褶中一枚枚苦涩的果实。

1953 年，是祖父戴上地主分子帽子的第四个年头。

1953 年，祖母获得了一张具有选举权的岐山县第六区“选民证”，这张粗糙的粉红色纸上油印着祖母的姓名、年龄、籍贯和成分。冯积岐记忆里有一个片段至今如在眼前：有一天，他看见祖母打开了放在她炕头上的那只油亮油亮的小木箱，从中取出了一个红布小包，然后小心翼翼地打开了那个红布包，红布包里包着一个小纸包。祖母从小纸包里取出了一张手片大的粉红色的纸，色调已褪得不那么鲜艳了。祖母将纸片放在小木箱子上轻轻地往平抚了抚。祖母这一连串的动作显得庄重而严肃，那张看似微不足道的纸片在他的记忆里就更为清晰可辨，纸上的“选民证”三个字是油印的，似乎有一股呛人的味道。这张轻如烟灰的粉红色纸片用它无足轻重的分量宣示：祖母的身份是人民。后来，冯积岐在他的散文《人的证明》中写道：就在自己十四五岁的时候，祖母把这张“选民证”拿出来给他疼爱的孙子看，是向孙子证明，从那时候起，她就是“人民”了，不再是阶级敌人，子孙们不必和她划清界限。祖母的大半生是在动荡和焦虑中度过的，她把这张陈旧的纸片小心翼翼地保留了几十年，唯恐她的“人民”身份失去了“证据”。她的证明，悲哀而执着。

1953 年，是父亲冯士玉参加革命工作的第五个年头。这一年，父亲每月的工资由领小麦而后变成了领中国人民银行第一版人民币。冯积岐出生半个月之后，父亲才回到了家里。父亲刚参加革命工作不久，在岐山县城的南塬上搞土地改革，曾因晚上偷跑回家一次而写过检讨。因此，就算是妻子生孩子这样事关一个新生命降临的事，他也不能随便回家去照看。

在共和国的大事记中，1953 年可圈点的事件并不多。

1953 年，开始执行国家建设的第一个“五年计划”。

1953 年，颁布了《选举法》。

1953 年，实行全国第一次人口普查。

1953 年，朝鲜战场停战。

1953 年，全国实行统购统销政策。

1953 年，斯大林去世，国人哀悼。

1953 年，历时三年多的镇压反革命运动结束。

2

在冯积岐的“松陵村”系列故事中，塑造得最成功的形象不是他的父亲和母亲，而是祖母。这和冯积岐的人生经历、个人体验分不开。冯积岐刚过满月就被祖母抱到了她的炕上，由祖母照管。他和祖母在一个土炕上一直睡到了结婚前的一个晚上。结婚那天晚上，他还要和祖母睡一个炕。祖母说，娃呀，你结婚了，要和媳妇睡在一起。冯积岐这才离开了祖母那张补了又补的焦黄发黑、散发着烟熏味的熟悉而又亲切的炕席。在冯积岐的记忆里，抹不去的是祖母手牵着她的“岐娃”常常去村口的那棵白皮松下捡拾脱落的树皮或松子的情景。那些薄薄的、雪白中带着银灰的树皮形状各异，似牛似马，也像花草般栩栩如生。也许最早对图画的想象就这样产生在他纯真的白纸一般的大脑里。那些松子虽然很小，在他的舌尖上留下的醇香的记忆却是永久的。

那棵松树枝叶茂盛，它的树冠仿佛一把巨伞撑开在高远、明亮的天空。树底下留下了童年的冯积岐与祖母温暖的脚印，白皮松与祖母就这样镌刻在他的童年里。村里的人们把这棵松树看作村魂、村宝，他们捍卫松树就像捍卫自己的生命一样。由此，祖母的传奇人生便和这棵白皮松有了牵连。在冯积岐的短篇小说《祖母，或我们村里的那棵松树》里，他塑造了祖母这样一个令人无法忘怀的形象。

那时候，周公庙里驻扎着国民党中央军校的第七分校。不知是由于军饷不足，还是其他原因，在军校里学习的年轻娃娃兵到了冬天还穿着短裤短衫，冻得瑟瑟发抖。附近的村里流传着几句顺口溜：“军校军校，白天睡觉，晚上伐树拆庙。”如果他们白天明目张胆地去祸害老百姓，老百姓就会挺身而出，护树护庙。因此，每逢夜深人静之时，官兵们带着这些年轻娃娃兵去附近村庄里伐官树拆官庙，以此补充军饷。

可是，军校的官兵们几次到松陵村来砍伐这棵松树，都没有得逞。

一个初夏的晚上，月色溶溶，村庄已酣然入睡，军校的官兵们悄悄地没入村庄，他们把松树团团围住，开始砍伐。村里人闻讯赶来了。族长指挥村里的年轻人护树。于是，村里的那些小伙子和军校的官兵撕扯在一起，军校官兵手中的枪杆子毕竟不是烧火棍。他们鸣枪警告，村里的年轻人毫不畏惧，扑上前去夺枪，一场血战如箭在弦。这时候，祖母颠着一双小脚来到了树下，她老远就喝喊：“住手!”祖母乌黑的发髻蓬松，一件水红衫儿尚未系上纽扣，一件葱绿绸裤遮住了脚踝。她朝松树跟前一站，伸手抚了抚额前掉下的一绺子头发，显得极其镇静自若。她说：“你们砍，来，朝我身上砍。”士兵们看着祖母，个个呆若木鸡。连长来到祖母跟前，祖母叫了一声那个连长的乳名，连长看看祖母，立时傻眼了。站在月亮地里的祖母两眼放光，光彩照人。连长对士兵喝喊一声：“向后转，开步走!”紧接着，连长走到松树跟前，把祖母扛上肩头，一直朝茂密的麦田中走去……

松树得救了。祖母与连长的爱情故事由此上演。

祖母挺身而出前去护树只是一段传奇。传奇里浸洇着祖母的胆气、浪漫，以及和连长演绎的爱情故事，这些作为一种口头话本，和古老的松树一样书写在冯积岐年幼的心中。

显然，这是冯积岐虚构的小说里的祖母。

现实生活中的祖母是一位贤妻良母型的女人，是祖父的第二个妻子。她比祖父小十多岁。祖父农闲时就扛上木匠家具外出干活儿，把偌大的一个家丢给了祖母，祖母常年被生活压得喘不过气来。祖父性硬，在那个年代，给予祖母的温情总是非常的吝啬，更不要说爱情了。

在冯积岐童年的记忆里，过一段时日，祖母就要坐在后院里去号啕大哭一场，也不知道哭什么，更不知道为什么而哭。那时候，祖父还在世。祖父去世时，祖母才踏进五十岁的门槛。祖母的哭声寒彻骨髓。幼小的冯积岐从木面楼房的后门里望出去，只见祖母瘫软无力地坐在房檐台上，两条腿随便地伸出去，发髻散乱，满面泪水，祖母的两肩随着哭泣而一抖一抖的，她的哭声十分悲怆，略带嘶哑。家里没有一个人去劝说祖母，包括母亲和婶娘，她们似乎都无动于衷。祖母自个儿大放悲声，最终，自个儿止住了哭声。哭毕，祖母该干什么，还干什么。

最初的记忆来自冯积岐四五岁的时候。他走进了祖父和祖母住的木面楼房的大套间，眼睁睁地看着祖父把祖母按倒在土炕上，用一根木板在祖母的屁股上打，祖母的头和半截身子埋在炕上的被子里，双腿站在地上，屁股撅起来，任凭祖父施暴。祖母硬是一声不吭。小小年纪的冯积岐只是看，呆呆地看，静静地看。他不能理解祖父为什么要打祖母。后来，他从父亲口中得知事情原委。他从此知道了祖父是一个冷漠的人，一个心硬如铁的人，是一个只知道攒钱置地、嗜财如命的人。

父亲活着的时候，给冯积岐说过：“你婆(祖母)个性很强，好强了一辈子，心强命不强啊!”祖母十六岁的时候从县城东南方向的大营村嫁到了陵头村。祖母的第一个丈夫是祖父的二弟。结婚没有几年，祖父的二弟得病死了，祖母改嫁给了丈夫的哥哥。祖母和祖父是半路夫妻，而父亲也不是祖父的亲生儿子。这一家人，缺的是血脉相连的亲情，更多的是接连不断的灾难：祖母有祖母的灾难，祖父有祖父的灾难，父亲有父亲的灾难。祖母得不到丈夫的温情，也难以享受亲生儿女绕膝的天伦之乐，她全凭自己顽强的个性操持着这个家。祖母把她的情感几乎全部寄托在长孙身上，她对长孙的爱像和煦的阳光普照大地，让冯积岐在温暖与护佑下长大成人。

如果说，祖母的爱是一种丰富的营养，它丰满了冯积岐小说中的祖母形象，那么，小说中的祖母就是冯积岐理想化了的祖母，是比给了他巨大的爱的祖母更饱满、更具有复杂人性的祖母。冯积岐的长篇小说《沉默的季节》中的祖母白玫——一个国民党的官太太，有着贵妇人气质的漂亮女人，饱经苦难受尽磨难的农民，面对灾难面对压力面对不幸，甚至面对血腥和暴力毫不畏怯，镇静自若，应对有方，她的人性的闪光之处，照亮了长孙周雨言的成长之路。在周雨言的心目中，祖母是他的至亲，是他的至爱，是他的神灵，是他的朋友，是他的师长，也是他的情人。祖母的去世是对周雨言精神上的一次重创，他头顶上的天因此而出现了一个大洞。毫不避讳地说，周雨言的恋母情结非常纯粹，甚至有乱伦意识——这一切皆由爱而生。这种复杂的情感不能仅仅用人性的扭曲去概括。

《大树底下》中的大树还是那棵白皮松。这棵大树是权力的象征。面对它，松陵村的人显得很无奈。《大树底下》讲述的是 1964 年农村社会主义教育运动中的故事。小说一开初就写一个母亲无意中捂死自己的婴儿后埋在房子门后面，孩子死了，他的灵魂瞪大眼睛注视着那一场灾难。母亲本来是伟大的，而冯积岐笔下的母亲却颠覆了这一人类永恒的主题。尽管母亲不是有意识地捂死儿子，可是，这一失误，却扼杀了一个小生命。冯积岐这样的故事构建，他不是审视母亲，而是审视那个时代，审视人性的弱点。他的思考是：当不正常的社会生活如同滚滚浊浪扑面而来的时候，一个人怎样才能守住做人的底线、守住心中的一片净土。身处那样的时代，人变得无情而冷漠，生活在大树底下的人，不畏怯不惧怕大树，是不可能的。

冯积岐的《大树底下》这部长篇小说中的祖母也是很完美的一个女性形象。她是一个农村女人，不具备白玫那样的知识修养，她爱得更大胆更细腻。她是长孙的精神支撑，是长孙头顶上一把遮风避雨的伞。她有隐忍、坚韧、贤惠、善良的特质。她的存在使长孙体味了母爱的温暖，她在长孙的生活中完全取代了母亲的角色。可以说，冯积岐塑造的这个祖母更接近生活中的原型——冯积岐真正的祖母——一个叫白秋娃的女人。而《祖母，或我们村里的那棵松树》中的祖母，更顽强、更勇敢，更具有传奇色彩和几分野性。

祖母的形象和村子、白皮松一样挺立在凤山县的大地上，挺立在读者的心中。

第二章　没有屋顶的房子

1963 年 5 月，农村的社会主义教育运动在全国相继拉开了序幕。

1964 年的秋天，“社教”工作组进驻了岐山县北郭公社陵头村。

在冯积岐的记忆中，那是一个被秋风秋雨死死缠住的秋天，不怀好意的秋雨下个不停，一直断断续续地下了四十多天，街道变霉了，房屋变霉了，树木变霉了，吸进肺腑里的是一股呛人的霉气。街道上泥泞难行，每天去学校的时候，都要蹚着烂泥脏水。家里没有柴火烧，母亲将面条下到锅里煮不熟，只得把炕席下的麦草抓出来烧锅。日子本来就像滚上了一身泥，不堪入目。就连这样艰难的日子也没法过下去了。

秋雨停了没几天，一天清晨，时间尚早，冯积岐还没有去学校，突然，村子里一些人拥进了他家的四合院。他们翻箱倒柜，找遍了楼上楼下，折腾了大半天，却没有找出一块银元或者一件值钱的东西，柜子里只有一些旧衣服和旧鞋袜，连一件像样的衣服也没有。全家人不敢上前询问，更不敢阻止，全都噤若寒蝉。冯积岐当时只有十一岁，他和年幼的弟妹们根本不明白眼前的这一幕是怎么回事，全都惊恐不安。父亲和叔父一脸的愤怒，却都不敢出声，唯独祖母镇静自若，她老人家拄着拐棍，站在院子里，不卑不亢，没有丝毫畏惧，只是冷眼看着那些人在自己的眼皮底下出出进进地胡乱折腾。在冯积岐眼里，平日村子里的那些叔叔、伯伯、爷爷们的笑脸，这时候变得十分冷漠、冷峻、冷酷。那些人在别人家里横冲直撞，举动粗暴野蛮，毫无人情。少年的冯积岐很难理解眼前的这一切，他除了害怕还是害怕，比第一次走夜路还害怕，比跌到井里去还害怕。他不知道这些人到底要怎么样。看着这些脸色铁青毫无章法胡乱翻腾的庄稼人，他的眼泪扑簌簌地流下来了。

后来，他们家前院的三间半厅房和后院的三间半木面楼房被分走了，他们一家八口人只剩下三间厦房，叔父家也只留下了三间厦房，冯积岐没有了睡觉的地方。1994 年，冯积岐发表的短篇小说《没有屋顶的房子》记录的就是自己对“社教”的回忆。在他的记忆中，家里前院的三间半厅房被生产队做了保管室，后院的三间半楼房被全部拆走，屋顶上的大梁、木椽、屋瓦被揭去以后，剩下的四面墙壁还没有被推倒，土炕还在。深秋时节，冯积岐和他的堂弟就睡在没有屋顶的房子里，这无异于睡在撂天地里，睁开眼就能望见高远而深邃的天空和满天的繁星。秋风呜咽，兄弟俩用被子蒙住头。墙上的浮土被风刮下来扑在被子上。第二天早上，被子和炕头上全是灰土与冷霜。有一天晚上，兄弟俩睡着了，半夜下起了雨，他们醒来时才发觉，身上的被子早就湿透了，光身子像泡在水里一样，只得赶紧从那盘炕上爬起来，他们没有叫醒大人。小小年纪的冯积岐知道，父母亲承受着更大的压力。即便是父母亲起来，他们还是没有地方睡觉。兄弟俩就那样抱着湿透了的被子，站在厦房的房檐台上，看着雨夜，看着黑暗。秋雨不知疲倦地下着，静夜里，叮当叮当的房檐水像恶毒的蚊子一样在他们的身上叮，兄弟俩冻得瑟瑟发抖。漆黑的夜沉重地压在兄弟俩身上，他们背靠着墙坐在房檐台上，抱着湿被子，不知不觉竟然睡着了。在没有屋顶的房子里，兄弟俩从仲秋睡到了初冬。那些凄凉寒冷的夜晚像木楔一般楔入了冯积岐的脑海里，他牢牢地记住了在没有屋顶的房子里栖息的日子。

第三章　成长故事

1

冯积岐没有一个会讲故事的祖父或祖母，没有一个会讲故事的父亲和母亲。他没有那么幸运地成长在一个故事氛围很浓的家庭。相反，冯积岐出生在一个缺少故事氛围、被生存长期困扰着的家庭。这个家庭仿佛只有"一百年的孤寂"，院落里终年积压着沉重的阴影、沉闷的气氛，就连每个人的脚步中都带着很压抑的声响。

冯积岐的童年虽然单调得如同一年四季穿在身上的黑色的粗布衣服，但是，偶尔有的乐趣也蕴藏在这单调的生活中。每逢下雨天，当大人们终于可以闲下来呼呼大睡的时候，孩子们却在雨地里寻找乐趣。冯积岐和堡子里的几个伙伴淋着雨圪蹴在街道上用泥巴把从各家各户的水道眼里流出来的雨水聚拢起来，聚成一个小"水库"，然后，扒开"水坝"，跟着一渠大水走到南门外，眼看着那一渠水流进了镶在南门桥上豆沙色的石槽里，他们赤脚站在石槽中间，感受水的冲击力，听流水从石槽冲下去的响声，目睹着混浊的水淌进涝池里，这些曾是冯积岐童年记忆中最幸福的时光。等回到家里时，一身粗布衣服淋得湿透，也并不感到冰凉。

到了夏天，涝池成了孩子们最理想的去处。晌午饭吃罢，冯积岐和他的伙伴们一路奔向通往涝池的土坡，站在土崖下，一个个脱得一丝不挂，扑进涝池里去耍水，用小小的手掌把水撩起来，一个朝一个身上泼。或者，一个按住一个的脑袋向水中压。玩闹中，脏水喝了半肚子也毫不在乎，竟然也不生病。

有一天午后，他们正在涝池里耍水，村子里的一个中年人踉踉跄跄地走到涝池岸边，褪掉一双鞋，没脱衣服，径直向涝池里走去。冯积岐和他的伙伴们以为那人也是来耍水的，都没有在意。后来，看到那个人不是在游泳，而是一直往水深处去，眼看着水淹没了双腿，淹没了肚腹，快淹到了脖子跟了，他还往前走。直到水面上只有那人的头发在飘动，孩子们这时才猛然醒悟过来，大声呐喊："淹死人了！救命啊！"冯积岐奋力冲出涝池，没命地向涝池岸边的土坡上面跑，他喊来了村子里会水的叔叔，最终将那人从涝池里拖上了岸。在岸上，那个人将肚子里的水吐出来，在涝池岸边躺了好大一会儿，然后好好的没事似的离开了。几十年后，冯积岐想起那一幕，他才意识到，那人不是去耍水的，他是想走进涝池里去把自己淹死。他为什么要选择自杀呢？揣摩一个自杀者的心态，应该是这样：当一个人到了要自杀的时候，就好像处在一种醉酒的状态，外界不复存在，只活在一种自我意识里面，以为自杀是最好的出路。幸亏，冯积岐与伙伴们在那一刻敏锐地感觉到了那人的状况，及时喊来了大人，救起了那个人。

就在这个涝池岸边，冯积岐在童年时目睹过一个死去的人。死者双颊凹陷下去，嘴唇半张，脸色如土，一群苍蝇不知疲倦地在尸体周围乱飞。原来，人死后，竟然是那样地难看，没有一点儿体面可言。回到家里，冯积岐给祖母讲述了他见到死人的事。祖母说，她在涝池北边的城壕里也见过一个死人。那一年，祖母才二十多岁。祖母说，死了的是"冯老爷"的女儿，那女孩子大概还不到二十岁。她是饿死的，长长地趴在城壕里，一双小脚没有穿袜子，死白死白的脚后跟就那样朝天竖着，还有一群绿头苍蝇在尸体周围嗡嗡着乱作一团。后来，冯积岐得知，这个"冯老爷"属于冯家家族里的另一房系，他中了举，陵头村人叫他"老爷"。光绪二十六年，关中大旱，几茬子庄稼都没有收成，饥殍遍地。县衙叫"冯老爷"负责赈灾。他的职责是组织庄稼人从陕南向岐山县用骡马驮粮食，救济灾民。当马夫可以吃饱肚子，还能得到不菲的酬金。谁想去干这一差事，就要给"冯老爷"送礼，几升麦子、几升小米或者几个铜钱都行。一年下来，也不知道这位冯老爷受了多少贿赂，他的同僚把他告到了出逃到西安的慈禧太后那里，慈禧知道后便赐他死。祖母说，“冯老爷”接到圣旨，顿时泪流满面。后来，他给老婆很快安顿好了后事，从衣服上摘了一颗金纽扣，吞食而死。他有一儿一女，他的儿子在军阀混战中死于枪林弹雨，女儿在民国十八年(1929)的饥荒中饿死了，饿死后，好几天没有人收尸。“冯老爷”那一房就此绝后了。这件事，被冯积岐后来写进了小说里。冯积岐坦言：作为冯氏一族，虽为长辈，但“冯老爷”的德行不好，落了个没有好下场的结果。

少年时的冯积岐并没有“看客”心理。在枯燥无味的童年，观看一具尸体只是满足了孩童的好奇心，就像孩子们走在街道上要踢几脚猪、打几拳头牛一样。没有什么可玩的，也没有什么好去处，冯积岐与伙伴们走进了田地，他们把生产队里刚成熟的几十个南瓜打烂在了地里，被生产队长狠狠地扇了耳光。童年的恶作剧是纯真的，不论是这些他曾经经历过的往事，还是听说过的故事，都在冯积岐的心中留下了深深的印痕，特别是童年的那些不足挂齿的小事后来都发酵了。在冯积岐的心中，这一切，都成为了他往后写小说的素材。他所经历的那些事大都带有苦涩的味道，这也决定了他的小说面貌和风格。对于写作来说，一个人将来能写什么、怎么写、成为什么样的作家，都是和童年的经历、感悟分不开的。冯积岐和大多数有成就的作家的人生历程与心理感受，无可辩驳地证明了这一点。

从童年起，冯积岐从祖父祖母那里接受的是传统的教育，耳濡目染的是父辈们良好的德行，他的血管中流淌着家庭教育应有的操守。那颗善心、爱心是与生俱来的，也是家庭环境影响使然。当然，作为普通孩童的顽劣本性在他的身上也有充分的体现。按照木心老先生的说法，考察一个作家是否优秀只有三个方面：才华、头脑、善良。无疑，冯积岐是善良的，也是睿智的。

2

1958 年 8 月底，孩子们报名上学的时间到了，冯积岐跟随村子里大他几岁的伙伴们第一次踏进陵头小学的门槛，他还没有到上学的年龄，他本来是与大孩子们一起玩的，无意于去学校报名上学。到了学校，老师让那些孩子们数手指头，谁数得正确，就让谁报名。数了半天，几个孩子不是数不清就是数错。轮到冯积岐，老师以为他也是来报名的学生，就让他数，他数了几遍都数对了，老师觉得这个孩子聪明，就将他的名字登记在报名册上。老师问他父亲的名字，他说不知道。老师又问他，家庭是什么成分，回答也是不知道。老师干脆叫冯积岐回家问他娘去。

冯积岐欣欣然地跑回家，看到母亲正坐在房门口纳鞋底，他说了去学校报名的事，母亲有些意外："你是一个去的？"

"我是跟着人家去的。"

"你还不到上学年龄，老师能要你吗？"

"要哩，老师叫我数手指头，我全数对了。老师叫我回来问你，咱家是啥成分？"

这时候，冯积岐看到母亲纳鞋底的针线突然凝固在半空，好一会儿都没落到鞋底上。过了一会儿，母亲嗫嗫嚅嚅地说："咱家是，是大农……"还未等母亲说完，他就一溜烟地跑到学校告诉老师去了。他当时不理解母亲为啥会语塞。几十年后，冯积岐细细回味，当时母亲脸庞上的神情像深秋的云朵一样，消极，涩滞。面对儿子，母亲不愿意承认，又不得不承认家里是地主成分。母亲明白，如果她直捷地说家里是地主成分也许会让儿子在学校里为难。但她又无法回避这一事实，只得把地主成分说成是大农。当冯积岐气喘吁吁地跑到学校告诉老师自己家的成分是大农时，老师停下手中的笔，回过头来看了看这个一脸稚气的孩子，皱了皱眉，然后就在这个孩子的名字后面写上了"地主"两个字。从此，这两个字就与冯积岐的名字粘连在了一起了，而且一粘就是四十年。

他的这位老师姓刘，三十岁左右，四方脸，嘴角有个豆粒大的痣，笑的时候左脸庞上闪上来一个浅浅的酒窝，样子很好看。刘老师是冯积岐人生中的第一个老师。刘老师摸了一下他的头发，告诉他："明天让你娘陪你来学校领书，后天上课。"后来，冯积岐才知道，刘老师家里也是地主成分，刘老师当然明白冯积岐的母亲所说的"大农"是指的什么。

读了一年书，他终于知道了自己名字后面的"地主"两字是不光彩的、不好的。读初小二年级时，一天，他与一个同学吵架，那个同学在气急败坏、没理可讲的情况下，突然冲着他叫道："地主！地主！"他一时愣住：地主咋就成了骂人的话？当他意识到同学骂他时又不知道怎么还口，恰巧刘老师来到他们跟前。刘老师拽着那个同学的耳朵，把他拽到自己的房间才松开手，刘老师一脸威严地警告那个同学，以后不许那样喊冯积岐。后来，同学里面再没有人那样喊他“地主”了。可是，从那以后，他知道自己家是地主，他与别的孩子不一样。既然别的孩子可以用“地主”骂他，那说明这“大农”像脸上抹着的墨水一样，是个污点。这个污点瞬间使他觉得非常难堪、难受，他欲哭无泪，不哭又憋不住。他的自尊心从小就被无辜地刺痛了。每天，他只是默默地读书，和同学们很少一起玩闹，他忧郁的性格从童年起就慢慢地形成了。那时候，他根本无法预知，“大农”将给他的人生带来什么；他也不知道，他从降生到“大农”这个家庭起，就被列入“另类”了。

上了初中，冯积岐被学校团总支推荐当播音员。两个礼拜以后，团支部书记叫他谈话：“你的家庭出身不好，这个工作你不能再干了。”冯积岐无话可说，他只能默默地离开。后来，学校组织学生学习无线电发报，他报了名，因为成分，最终没能参加。尽管他学习很好，当班干部的事永远与他无缘。从此，“出身不好”像个标签刻在了他的心里。每一次，当老师让贫下中农出身的学生和共青团员留下开会的时候，他与其他几个出身不好的学生默默地低着头走出教室。在那样的环境中，冯积岐的同学也开始疏远他，好像怕冯积岐污染了他们似的。冯积岐明白自己是哪一类人，因此，自觉地躲避着那些有“红五类”身份的同学。

上高中，不是由考试分数决定而是推荐上学，推荐的对象是贫下中农出身的学生和共青团员。于是，学生们相互推荐，那些出身于“黑五类”的学生们主动闭上了嘴巴，眼泪往心里流。而那些可推荐、也可以不推荐的学生们唯恐自己推荐不上，忐忑不安，相互指责。最终，他这个“大农”和一部分上中农出身的学生都被阻隔在高中学校之外。从 1968 年年初开始，冯积岐从学校回来成了一名地地道道的农民。

他回家当了农民，知道一名同学在北郭公社做销售员，为了不与“红五类”同学撞面，他宁肯去七里以外的县城商店买二斤盐，也不去距离陵头村只有二里多路的北郭公社，他不愿踏进供销社的门槛。因为他去过几次供销社，他的同学不仅不和他打招呼，而且远远看见他就转过脸去，装作不认识，强烈的自卑感和自尊心使得冯积岐很受打击。初中时他的一位很要好的同学，后来做了他们公社的领导，这位领导在陵头村蹲点的时候，冯积岐只是一个地地道道的农民。他和这位“领导”同学常常会碰面，但相互从不打招呼。冯积岐怕生产队里的干部知道他和“领导”是同学、是学生时代的朋友，因为这样的关系，他考虑也许会影响同学的升迁。成分是冯积岐的标签，但是他不能因此而株连别人。他理解他的“领导”同学躲着他是情势所逼，而非己愿。

在生产队里劳动，脏活、累活自然都是像他这样的人必须干的。

有一次，冯积岐正在地里劳动，生产队长背着手踱到他跟前，指责他干活偷懒，磨洋工。冯积岐不服，当即就与生产队长争执起来，生产队长没想到，一个小小的娃还敢顶嘴，于是勃然大怒，他的豹子眼一瞪，高声骂道：“你狗东西想翻天呀，得是?!”冯积岐不甘示弱，说：“我没有想翻天，我也是戴着红领巾长大的。我是生在红旗下，长在新中国的农民，曾经是少先队员，是‘人民’。”他用一颗滴血的心在抗争，在呐喊：我不是地主富农，不是反革命。他的愤懑紧拧在眉宇之间，两只拳头紧紧攥住，微微颤抖，他羸弱的身体里，抗争的火焰越烧越旺，胸膛里始终跳动着一颗顽抗的心。最终，他用火炬一般的目光狠狠地回击了生产队长，可是他无法再用心干活儿了。他扛着农具愤然走出了田地，心想，看你把我能咋样？

经过多次的挫折，冯积岐似乎绝望了。

由于出身问题，冯积岐不能入团，不能当学生干部，不能当工人，不能当教师，不能当兵，连生产队里小小的记工员，他也没有资格当。

他刚回家务农的第一年，生产队里的一位好心人知道冯积岐读过书，提出让冯积岐当记工员，大队党支部书记当场指责那个人：“叫地主的娃当记工员，贫下中农怎么办？”

随着生活的多次磨砺，他觉得这些“不能当”对于他来说就是出身决定的，不是他有什么毛病，他不再奢求“能”做什么了。他的人生愿望就是活着，不被饿死或病死，不被关进监狱，只要活着。

直到十一届三中全会后，一九七九年一月一纸红头文件发布，建国后所划分的地主分子、富农分子、反革命分子、坏分子摘掉了帽子，阶级成分予以取消。地主富农家庭出身的子女一律改正为“社员”身份，其政治待遇和贫下中农一样。就这样，粘在冯积岐名字上的“地主”这个标签随之被摘掉了。

多年后，冯积岐想明白了一个道理，对于他来说，生活的好与不好、有幸和不幸，都是有价值、有意义的。

3

对冯积岐来说，童年和少年最大的一个乐趣，就是读书。

还不到十岁，冯积岐无事可干的时候，就翻出家里一些杂七杂八的书去读，这些书籍不知道是父亲从哪里得到的。直到现在，冯积岐有躺在被窝里看书的习惯，那是他从小就养成的。尤其是在冬天的夜晚，乡村静谧得几乎能听见黑夜的眼睛在眨动，那时候，一家人都睡了，唯独冯积岐和祖母睡的房间里的煤油灯还亮着。冯积岐躺在祖母热烘烘的被窝里，手捧着书本，牛吃草似地一句一句地读。祖母一觉睡醒，冯积岐在读书；祖母又睡了一觉醒来，冯积岐还在读书。她便催促着："岐娃，睡吧，睡觉吧，明早还要去学校哩。"冯积岐嘴里答应了，手里还是不肯放下书本，直到那个用小墨水瓶做的煤油灯油干灯枯，他才不得不放下书去睡觉。

睡了一会儿，他就爬起来去学校了。那时候，家里没有闹钟，早晨几点去学校全凭感觉。他以为天快亮了，爬起来，穿上衣服，出了屋门一看，原来是下雪了，房间里被雪地照得光亮如昼。也不知道是什么时候，他便戴了顶发黑的草帽，脚下踏着咔咔作响的积雪，一个人去了三里以外的北杨村小学。到了学校，推开教室门，教室里像冰窖一般寒冷。冰冷的空气如绳子一样紧绷着，他小小的身体被无边的冷寂簇拥着。没有灯，他便坐在教室里一遍又一遍地背诵前几天学过的课文，不知背了多少遍，背了多长时间，同学们这才陆续到校了。因为把握不准时间，凌晨三四点去学校，那是常有的事。

愉快地读书。艰难的日子。

在冯积岐的记忆里，他一年四季穿着那身洗得泛白的粗布衣服，连脚上的鞋也是母亲用自己织的粗布纳的鞋面。直到十七岁，冯积岐才第一次穿上了集市买回来的棉布缝的衣服，读到了初中，依旧穿的是大裆裤子、粗布褂子。到了冬天，没有衬衣、衬裤，连裤头也没有，就是光身子穿棉袄——脱了棉袄、棉裤就是一身精光。睡觉时，被窝里冰冷如铁，就把棉裤褪到膝盖下，钻到薄薄的被子里，让一双冻得裂了数道口子的脚在自己的棉裤里吸纳一点点热气。

让冯积岐多年以后回想起来都觉得尴尬的是读小学四年级的时候。

那一年，学校组织孩子们去山里挖荒地。他扛着一把老镢头和同学们一同上了坡，休息时，同学们都就地而坐。他已经坐了一会儿，才发觉粗布裤子开了裆，他的私处完全裸露在坐在他对面的女同学面前。当他意识到时，脸一下子红到了脖子根儿，尴尬不堪。他赶紧站起来，夹紧了双腿站在了太阳地里。到了下坡回家的时候，他夹着双腿不敢迈开大步，只好走在最后边。那时候，粗布裤子也是洗了又洗，补了又补，棉布已经很不结实，也不耐穿。

读小学时，冯积岐就是一个学习成绩很优秀的孩子。读到五年级，他是北杨村小学少年先锋队的大队长，胳膊上佩戴着三条红杠子，同学们都很羡慕他。在他很小的时候，父亲就教育他们：攒钱不如攒本事。爷爷一辈子攒钱，到头来，落了个穷光蛋，儿孙们还跟着受累。本事学到手，才是最实在的。父亲的这句话，让冯积岐一生受用。

冯积岐没有祖父、祖母、父亲、母亲给他讲故事，他的故事就是自己经历过的一件件鲜活的事情。

冯积岐的"故事"是他随身携带着的，他的人生经历和体验就是他的"故事"。所以，他有写不完的故事，读不完的书。

冯积岐读的第一部小说叫《空印盒》。记不清作者是谁了，只记得小说讲的是这样一个故事：一个县官丢了大印，只剩下了一个空空的印盒，为了寻找这枚大印费尽周折。故事充满悬念，跌宕起伏。家里的书都是父亲读过的。其中，有毛泽东批注的关于农业合作化的书、毛泽东著作单行本及一些物理学和科普知识方面的书，还有医学书籍，小说《新儿女英雄传》《铁道游击队》《红日》，等等。对于上世纪六十年代出版的那些红色经典，诸如《苦菜花》《迎春花》《红岩》《红旗谱》《播火记》《烈火金刚》《战斗中的青春》《苦斗》《三家巷》等等，他都读过。对于他来说，读书就像吃饭一样，是一种生活需要。到了初中，他对读书愈加狂热。在一次物理课堂上，他把课本向跟前一拉，桌面上是课本，小说放在抽屉里，他偷偷地读起了张恨水的《魍魉世界》，读得入神，没感觉到老师早已不声不响地站在了他的身后。老师没收了他的小说，交到了教导处。第二天，校长在全校师生大会上点名批评他，说他读的是反动书籍，是大毒草。老师只是严厉地批评了他，所幸的是学校没有处分他。

早在读小学的时候，也不知什么原因，同学给他起了一个绰号叫"文学家”。他心里清楚，自己家庭成分不好，没有什么前途可言，更别说梦想做个文学家了。也许同学们只是出于他爱看书的缘故，才给他起了这个绰号，“文学家”一直从小学叫到了初中。在初中，他的作文在语文老师的眼里是最差的一个，因为他会自觉不自觉地将书中看到的词汇用进作文里，老师常常要翻翻字典才能知道那些词汇的意思。他曾在一篇作文中这样描述村里的一位老汉：生气的时候，老汉的胡子就像刺猬毛一样硬。在课堂上，语文老师问他：“你见过刺猬吗?”他说：“没见过。”老师说：“刺猬毛像钢针一样硬，老汉的胡子怎么会像钢针一样硬呢？你是不是做梦梦见的?”冯积岐说：“是我自己想出来的。”老师说：“不要再胡思乱想了。”他与老师的对话引起全班同学哄堂大笑。以后，他写作文再也不敢使用在小说里学到的词汇了。可是，他还是不按老师要求的章法去写，他总是想怎么写就怎么写。他的“出格”和“反叛”似乎受了读书的影响，根深蒂固。因此，在老师的眼里，他是最不会写作文的一个学生。当同学们再叫他“文学家”的时候，他感觉那是在讽刺他，侮辱他。也或许，同学们早就预料到他将来会成为一位作家吧。他的老师大概做梦也不会梦见他的学生有朝一日成为“文学家”。他没有做过作家的梦，也不敢做那样奢侈的梦。现在想来，似乎冥冥之中有种注定：他一生要和笔杆子打交道。

尽管日子极其艰难，却没有动摇冯积岐读书的强烈欲望。他自己一分、二分地攒钱买书。每当得到一本好书的时候，他兴奋得像得了宝贝似的，好像书本如同稀缺的食物能填饱他饥饿的肠胃一般。

初中三年，他没有花钱买过学生灶上一分钱的菜肴，一份开水煮菜只有一二分钱，他也花不起那些钱。早晨，是开水泡高粱面粑粑。冬天，粑粑冻得硬得像砖头，馍馍泡进开水里，碗里的开水也成为凉的了。夏天和春天，放置一个星期的粑粑馍上长了一层长长的白毛，他用毛巾擦一擦泡进开水里吃。中午饭，是没有菜的苞谷糁子。母亲偶尔给他三五分钱，他就攒起来，去县城里买一本书。那时候，一本小说也就三五毛钱。初中毕业的时候，他已积累了几本书，他一遍遍地读这些书，他用文字用书本喂养着自己饥饿的身体和灵魂。1976 年之后，他为了得到一本《沈从文短篇小说选》，从老家岐山县陵头村跑到凤翔县城的新华书店，来回步行七十里路。买到了一本好书，他如同饱咥了一顿岐山臊子面般舒畅、高兴。

人到中年以后，冯积岐多次在他的文章中写道：苦难是一个人成长的营养剂。对此，他深有体会。尽管，曾经的苦难几乎摧毁了他，吞噬了他，但是，苦难也成为他人生的一笔财富。正因为有了苦难的体验，他的文字中有深沉的人生况味，作品中弥漫着难以名状的苦涩，充满了丰富的情感与闪光的思想。有人说，苦难是一种罪恶，也是一种赠予。冯积岐也不止一次地说过，对于一个作家来说，无所谓好生活和坏生活，所有的生活都是好的。所谓的坏生活，也许就是这种苦难的生活。然而，苦难的生活可以成全人，也可以毁灭人。冯积岐之所以没有沉沦、没有毁灭，这和他坚韧、顽强的性格是分不开的。

第四章　两块搅团和三斗小麦

1

冯积岐的小说中曾有这样的一个情节：年轻的农民提着镰刀一大早进山割柴，割了大半天，只有随身带的水解决饥渴问题。到后晌的时候，他饿得几乎虚脱，实在忍受不了，硬着头皮去山里要饭吃。他走进一家农户的院门口，站在一孔窑洞前。他朝窑洞里看去，窑洞顶和窑洞壁上厚厚的烟灰比瓷器上的黑釉子更加结实更加油光。窑洞里的亮光很有限，光线也显得有些迟钝。这时，只见窑洞里有一个女人在里面忙碌着，光线实在太暗，他判断不出那个女人的实际年龄，便怯怯地叫了一声"姨"。他恳求这个"姨"："你能不能给我一块馍馍吃?""姨"只扫了他一眼说："家里没有馍馍。""姨"顺手从案板上拧了一块颜色淡紫且发红的高粱面搅团。在接过搅团的一霎那，他抬眼看了看这个"姨"：她可能比他还小一点儿，十八九岁的样子。本来，搅团这东西是要拌盐、醋、辣子这些调料的，他接过搅团看都没看，就塞进嘴里吃了起来。"姨"呆呆地看着他风扫残云般地吞完了一块搅团，顿了顿，又给了他一块。"君子不吃嗟来之食"，只是某些文人的美好愿望吧。在饥饿面前，他感觉所谓的尊严即脸面已经显得没有丝毫的分量。假如这个年轻女人让他叫婆，他也会毫不含糊地开口就叫她婆。这个小说情节不是虚构的，是冯积岐经历和体验过的实实在在的生活。

多年后，冯积岐一直没有忘记那个曾给了他两块搅团吃的年轻女人。他不但记住了女人的模样，女人的脸庞，女人的眼神，更记住了女人悲天悯人的那颗善心。他将这个美丽的女人用文字固定在了稿纸上，呈现在千千万万个读者面前。冯积岐在他的创作谈中不止一次地说过，一个不知道感恩的人，是靠不住的。他是怀着一份感激、一份尊敬，在他的小说和散文中无数次地描绘和记录了这个给了他两块搅团的善良女人。冯积岐记得，在他吞下最后一块搅团时，女人将半碗温开水递到了他的手中。他埋下头喝完水，递还空碗时，对女人很小心地一瞥：女人的眸子很黑，双眼很纯净。女人问他："你是哪达人?"他说："山下面，陵头村的。"女人没有再说什么，进了窑洞。冯积岐看了女人的背影一眼，提着镰刀，走出了院畔。人不能忘恩负义，他知道，有一天他一定会回报这个善良的女人。

那时候，生产队长常常派冯积岐到距离陵头村二十里以外的山里去种地，生产队在一个叫"桃花顶"的山里有一百多亩山地。

冯积岐记忆最深的是，有一年正月，生产队长派他去"桃花顶"看门。时值正月初三，年味儿还很浓稠，似化不开的糖水一般。吃完早饭，冯积岐背着薄薄的被子和几个馒头，踏着厚厚的积雪离开了陵头村向北山里面走去。一场大雪刚刚下过，厚厚的一层覆盖了整个路面，只有一条行人踩出来的稀疏而逼仄的小径。上山的路更是白茫茫一片，连一个脚印也找不到，只有靠着记忆和路边的荆棘丛认路了。经过半天跋涉，他终于赶到了距离陵头村二十多里路的"桃花顶"山庄。生产队有个规定，在山庄没有生产活动的时候，以防窑洞门窗被盗等等诸如此类的事件发生，总要安排人轮流看门。当然，这样的差事非冯积岐这样的人莫属。

到了山庄，站在院畔朝下望去，一座座大山在皑皑白雪中静默伫立。天气一片阴沉，院子里的雪足有一尺多厚，山顶的风狂吼着，冯积岐感到了一阵刺骨的寒凉，从身上冷到了心底。本来，隔壁还住着一家三口。可是春节前，那一家人都下山回家了。他打开了窑洞门，冷风卷起雪花先他进入门里面，鞭子似地抽打在他单薄的身体上。冯积岐走进了做灶房的拐窑里。一早出发，到山里时已是半下午了，又饥又饿的他急于看看能否做些吃的。他揭开前后锅盖，锅里全是厚厚的冰块。春节前有人离开时在锅里添满了水，本是好意，以备后来者生活之需，那会儿却冻成厚厚实实的两锅冰。他环顾一圈，窑洞里没有一把柴火，拿什么生火做饭呢？走了半天，早已饿得前胸贴后背，人也累得不能再动，他原想就在冰冷的炕上躺一会儿，先解解乏再说。里间的土炕却不知什么时候已经坍塌，面对那样的境况，他似乎站在绝龙岭上，只有仰天长叹的份儿！饥饿、寒冷、孤独、甚至巨大的恐惧感一齐向他袭来，冯积岐无力地跌坐在窑洞口的门槛上，凝视着远处被大雾锁住的山头，泪水潸然而下。他面前是凄凉、冷酷、缺少人情、没有温暖的生活，是自己内心无法言说的痛楚。他心里清楚，眼泪解决不了任何问题。他站起身，擦去泪水。他必须在天黑前找到一些柴火，否则，他会被冻死在山上。他想到了邻村的山庄，他打算去借一捆柴。于是，便来到半里开外的另一座山庄，眼前的景象令他失望至极：没有一个人，草房也被大雪压塌了，那情景就像《水浒传》里看守草场的林冲面对大雪压顶的惨状。他无言了，无奈又折返回去，取了一根绳子，把那草房上的烂草和断了的木椽捆在一起扛了回去，点着了火，烧开了锅里的冰块，把水舀出来倒掉，再把从家里带来的馒头热了热，就当一顿饭充饥。吃后，他开始填炕，从隔壁的空窑洞里挖了几笼子土垫上，把炕填实了，他的日子才算是安顿了下来。

到了晚上，点上一盏煤油灯，昏黄的灯光下，冯积岐铺开了被子，在冰冷如铁的土炕上，薄薄的被子实在无法温暖他同样单薄的身体，他蜷缩着身子。在那深山中，在寒气逼人的冬夜里，他一个人承受着这一切，没有人能帮到他，他凝视着豆粒大闪烁的灯火，眼泪在默默地流，这就是他的人生吗？许多年后，当他读到帕斯捷尔纳克在《日瓦戈医生》中所描写的日瓦戈医生和他的情人被困在暴风雪肆虐的小木屋的时候，就想起了自己在那个雪夜里的孤独，耳畔仿佛回响着凄厉的狼嚎一般。

在山中的五天，他只能用院子里的积雪烧水做饭，吃的是从家里带来的冷馒头，像一个接受劳改的犯人一样承受着生活的苦难和内心的煎熬。那五天，让他学会了面对生存的挑战，学会了面对苦难的淡定和坚实的生存之道。

回想起他的少年和青年时期，许多美好的日子都播撒在了这座深山里。弯弯曲曲的山路上，陡峭的坡地里，纵横交错的山沟中，曾经留下他深浅不一的脚印，淌下他苦涩艰辛的汗水。他的生活乃至生命和这座大山密不可分。对山里的生活，他有刻骨的体验。冯积岐的长篇小说《村子》《沉默的季节》《逃离》及中短篇小说《黄芩》《树桩》《成人仪式》《我们在山里活人》等篇章里，不少故事都和这一座大山相关联。山，是冯积岐人生舞台上一根不可或缺的立柱，是他充满苦难的农村生活中丰满的一页，是他创作的“背靠点”和源泉。在冯积岐的作品中，人物一旦“进了山”，故事都是那么地丰富，那么地生动。《黄芩》中的黄芩的人物原型来自他们隔壁住着的一个十二三岁的小女孩。小女孩一家两代四口人住在一孔很小的窑洞里。一进窑洞，右边是土炕，左边是锅灶，锅灶后面是案板，案板底下安置着猪和鸡。小女孩和哥哥以及母亲、养父一家人每天晚上就蜷缩在那样逼仄的土炕上睡觉，简直让人无法想象。一天午后，冯积岐去隔壁借农具，窑洞敞开着。他走到窑洞口，迈开的步子正要落下，猛然看见小女孩的养父和她的母亲倒在灶膛前一块窄小的空地上。冯积岐一愣，突然明白了什么，他赶紧退出窑洞跑了出去。若干年后，冯积岐从山民们粗糙而原始的生活中开掘出了较为深刻的小说题材。

在山里，每天清晨，天还没有亮透，他就要爬起来套犁，犁地。肚子饿了，他顺手从地里拔起一根草放在嘴里嚼，像牛回草一样不停地嚼着，越嚼，反而感觉越饿。等到半晌午把两头牛从犁上卸下来的时候，冯积岐已经累得趴倒在湿漉漉的山地里起不来了，他双腿打战，眼前发黑，他几乎连地里的土都想掬起来吃下去。当他饿得无法动弹的时候，看见任何饭食反而产生一种憎恶的感觉。

饥一顿、饱一顿是常有的事情。生产队长不管人的肚子饥饱，只把他当作一个劳动力看待。晚上，去饲养室记工分的时候，生产队长说，明天去踏胡基(打土坯)，两个人踏十垒。踏胡基是力气活儿中的重活，一垒子胡基五百个，一个也不能少。冯积岐本来身子瘦弱单薄，加之总是饿着肚子，他把那几十斤重的石头锤子提在手里，在胡基模子上轮番捶打着(一块胡基要打二十锤左右)。到最后，他饿得虚汗不止，肠胃里被掏得空空如也，什么也没有剩下，如果不是手按着石锤子的把儿，他肯定会一头栽倒在地上的。他从模子上下来，蹲在土窑洞里长长地喘着粗气，他体验到的饥饿是一种要呕吐的感觉，似乎只要把肠胃能吐出来，就不会再饿着了。回到家，当端起饭碗，他心里难过，喉头哽噎，无法下咽。

在冯积岐的记忆里，最饥饿的岁月是那十年。生产队里打下的粮食除了交公购粮，还要交爱国粮、支援世界革命粮。每个社员分到手的口粮每年只能吃八九个月。到了农历二三月青黄不接的时候，上面就给农民发放返销粮。返销粮不是按人头分配的，而是由生产队里评。说是评，其实是生产队的干部和生产大队的干部说了算。每一个贫下中农分到一百斤返销粮，地主富农只能得到十斤或二十斤。有没有粮食吃，每天照样都要上地干活。如果缺勤一天，夏、秋两季分粮时就要扣二斤粮食。男劳力一个月必须出勤28天，女劳力一个月必须出勤26天，这是硬性规定。

家里能卖的都卖掉换了粮食吃。黑市上的粮食有的是，可是，没有钱买。剩下的一条路就只有去借，向亲戚朋友借。在饥饿的年月里，冯积岐在每个有粮食的亲戚朋友家都跑遍了，看人的眉高眼低，看脸色，冯积岐已经管不了那么多，他只能去恳求去借粮。尽管嘴很笨拙，好话还是要说。求人时，根本没有自尊和尊严。一颗年轻的心在胸膛里忐忑不安地跳动着，就怕遭人拒绝。如果他借不到粮食，就要去讨饭吃。

这些事情，父亲从来不管，父亲就连去隔壁借一件农具的勇气都没有。从十五六岁起，冯积岐作为长子，就担起了生活的重担。冯积岐有一个表哥，是另外一个生产大队的生产队长。他家的麦子用包扎着，足足有七八石(二千多斤)。冯积岐去表哥家借粮食，表哥的脸吊得老长，显然，人家不愿意借。冯积岐只能恳求表哥，他知道，今天粮食借不到，明天就断顿了。最后，表哥很不情愿地借了他三斗麦子。冯积岐拉着架子车，装着借到的三斗麦子，走出了村庄，他的眼泪喷涌而出。他的情感很复杂，既委屈又感激。委屈的是，他付出自尊才换得了粮食，感激的是，表哥终于借给了他粮食。

有一年初夏，眼看着全家又要断顿了。家里已是无处可借。当冯积岐初中时的同学杨恒兴用自行车把三斗麦子给冯积岐推进家门的时候，冯积岐的父亲就像家里发生了什么重大事件似的，从房子里急急忙忙地跑出来，按住自行车的车头竟然不知说什么好，冯积岐的母亲满含感激，泪水潸然而下。对于饥饿的一家人来说，这三斗麦子就是救命粮。同学杨恒兴，成为冯积岐一生都不能忘记的至交。

1976年夏收时节，冯积岐一家仍旧处于饥饿之中。搭镰收割的第三天，家里还是断顿了。那天中午，冯积岐和父亲、妻子、妹妹一起去给生产队里割麦子。割了一中午麦子，已是又饥又渴。特别是父亲，额头汗珠滚滚，脸色发黄，疲惫不堪。收工回到家里的时候，家里静悄悄的，听不见熟悉的风箱声，闻不见柴草烧锅时那熟悉的味道，院子里，似乎没有一点点生活的气息。母亲没有在灶房里做饭，锅冰灶凉。往常这个时候，母亲早已经做好了饭在等着他们。冯积岐问祖母："我娘哪搭去了？"祖母说："出去要面去了。"冯积岐和父亲他们没有饭吃，一家人坐在房檐台阶上，谁也不开口，谁也不知道该做什么，只有父亲在一声接一声地叹息着。院子里的气氛冰凉、凄楚，冯积岐心里难受得无法形容，他感觉作践一家人的不仅仅是饥饿，更有一种无以言说的艰涩，或者无法表述的令人心酸、心痛的情感。他觉得，在苦难面前他可以不低头。但是，面对饥饿，一家人有上顿没下顿的日子，实在是太煎熬了，简直无法活下去。也不知过了多长时间，母亲回来了。几十年后，冯积岐怎么也忘不了母亲那天的形象：她的脸色蜡黄，额头上渗出细密的汗珠，脚步细碎而急迫，手中提着一个面口袋，从前院匆匆地小步赶进门来。母亲一句话也没有说，她走进了灶房，把要来的面抓了几把搁进和面盆里开始和面。冯积岐知道，母亲身体不好，但她的内心总是那样的坚毅而顽强。这个风雨飘摇的家，是母亲一手支撑着，她就像在大海中掌控着一叶扁舟，艰难地带领着一家人迎风破浪，把日子一天天地往前拽。收麦子的时候还要讨要！这些无法回首的日子顽强地守望在冯积岐的记忆中，他一回想起来，心里就疼痛难忍。等母亲把饭做熟了，上工铃敲响了，一家人匆匆地吃下几口饭，又上地给生产队里割麦子了。下一顿饭母亲又要去哪里要？俗话说，收割时，跟着碡碌也能过个年。一家人挨到收麦时节，还要饿肚子，父亲只是一个劲儿地抱怨着，他拿不出对付艰难日子的办法。

母亲是在哪儿要的面？母亲讨要时是否受了委屈？母亲是否多次讨要过？冯积岐曾想问问母亲，可是，直到母亲去世，他始终没有能张开这个口。他不敢也不能面对母亲伤痕累累的过往人生。他觉得，母亲活得太可怜了。在他的小说《我的农民父亲和母亲》中，他倾注了自己对母亲和在这个版图上生活着的所有母亲全部的心血和感情——那就是对爱、怜惜和同情以及忠诚的讴歌。在《沉默的季节》里，周雨言的母亲出去要饭时被迫吃猪食的情节，就来自冯积岐的母亲曾经讨要的现实生活原版。

晚上收工回来，父亲给冯积岐说，你去给队长说说，给咱借一斗麦子。生产队已碾了一场小麦，麦子就堆在打麦场上。冯积岐硬着头皮去找生产队长。生产队长闷声待在房间里抽烟，他的脸像刨子刨过一样板平，冷漠，显得毫无人情。冯积岐把借粮的事一口气说了两遍，生产队长没吭一声，时间一分一秒地过去了，房间里的气氛很凝重。生产队长闷声抽烟，眼睛看着门外面。生产队长的母亲看着不忍心。她说："你给人家娃说一声，到底借还是不借？咋塞死不言传？"又过了一会儿，生产队长的嘴里蹦出来石头般坚硬的两个字："不借！"冯积岐没有再三恳求，他默默地走出了房间。这个没有借给冯积岐一两粮食的生产队长，在上个世纪九十年代初到冯积岐家里来借粮票，冯积岐没有犹豫直接送给了他一百斤粮票。那是冯积岐在西北大学中文系读作家班时，积攒的几百斤学校发下来没有用完的粮票。在他看来，这个生产队长虽然心硬如铁，缺少恻隐之心，但还算不上“坏人”，他只是按原则办事。他的小说中塑造的生产队长的形象就来自这些具象的人物。

第二天傍晚收了工，父亲给冯积岐说：“你到东坡去给你德儿叔说说，给咱借一斗麦。”于是，冯积岐挟着口袋出了村，上了东坡生产队。被父亲称为“德儿”的是东坡生产队里的队长刘德太。冯积岐找到他的“德儿叔”，说了借粮的事，刘德太一句多余的话也没说，把冯积岐领到生产队里的打麦场上，吩咐保管员给他装了一斗麦子。踏着暮色，冯积岐背着那一斗小麦回了家。母亲即刻取来了簸箕将麦子簸了簸，背到生产队的电磨子上去磨。

同样是生产队长，同样是贫农成分，为什么刘德太就把粮食借给了冯积岐？这不是“亲不亲，阶级分”能概括当时的人际关系的。只要有一颗向善的心，不论在怎样的际遇下，都是会乐善好施，这和出身、地位没有多大的关系。他至死也不会忘记，在他们一家断顿的时候，借给他们一斗小麦的刘德太。2013 年春天，冯积岐回到陵头村，见到了已经七十四岁的“德儿叔”，冯积岐旧话重提，说起了那一斗小麦的事情。刘德太说，你爹是个好人，你们一家都是好人，我清楚着哩。那个时候，你们一家受大罪了。在冯积岐的作品中，像刘德太这样怀有善心的好人随处可见，他们是我们这个民族的脊梁，是人间大爱的楷模，是应该被讴歌的“典型”。在他的小说中，他让这些好人昂首挺立在文学的圣殿，活在读者的心中。小说《沉默的季节》中的祖母、粮子老汉、宁巧仙，《村子》中的赵烈梅、马志敬、祝义和，《大树底下》中的父亲、祖母等等，都是一个个鲜活的好人。

2

在我们的许多书籍中，把上个世纪六十年代初的饥饿岁月称为“三年困难时期”。在那三年里，可以说是全民饥饿、全国饥饿。

在那特殊的三年里，冯积岐印象最深的是村子地窖里的叫花子。村子东边的地里有几孔地窑，地窑不知是什么年代开挖的。所谓的地窑是从平地上挖一道坡，坡下面开一个天井，天井四周是窑洞。窑洞里铺着麦草，那些从甘肃逃难来的叫花子东倒西歪地躺在麦草铺上，他们脸色蜡黄，精神疲惫，双眼无光，衣衫褴褛。多年后，冯积岐从资料中了解到：在三年困难时期，甘肃是重灾区之一，那些因饥饿垂死的农民纷纷逃难到关中寻求活路。冯积岐和他的小伙伴们怀着好奇的心理跑到地窑里去看那些叫花子。当时，在地窑里的一个女叫花子给冯积岐留下了很深的印象。那是一个大约十二三岁的小姑娘，没有裤子穿，光着屁股。和冯积岐同去的一个男孩子从麦草铺上捡起一根草枝，耍猴一般在小姑娘的光屁股上乱戳，小姑娘羞红了脸，忍无可忍后猛地转过身扑过来，抓住那个男孩子的胳膊就咬，那个男孩子吓得赶紧往坡上跑。后来，村里的一个光棍汉领走了那个中年女人和她的小姑娘。这些童年记忆里的碎片，后来成了冯积岐小说中的生活原型。

冯积岐的短篇小说《树上的眼睛》中讲述的饥饿年代的故事，是一副真实的图景：饥饿的中年男人打发四五岁的孩子挨家挨户去讨要。孩子将半碗饭或几口馍要回来之后，自己还没吃，就先回到街道上的大树底下给自己饥饿的父亲，那个父亲拿过孩子手里要回来的饭食狼吞虎咽几口便吞下去了，没有给孩子留下半口，甚至也没问孩子有没有吃、饿不饿。这是冯积岐亲眼目睹过的场景，在饥饿面前，人性受到了严峻的考验与挑战，为了自己活着，亲情变得很脆弱。在中国历史上，记载了大饥荒中人相食的可怖情境，冯积岐说“人相食”的记载是真实的。灾难，是对人性的考验。面对灾难，人性的劣根性暴露无遗，灾难就像试金石一般让人没有逃遁的角落。《泰坦尼克号》之所以抓住了全球观众的心，其中的一个原因就是在面对生死的关键时刻，船长命令妇女儿童先上救生艇。船长把生的希望给了他人，把死的威胁留给了自己，船长伟岸高大的形象一下子树立起来，人性之美在此得到了充分的绽放。人作为生物性的存在，离不开空气、水和食物。作为精神的存在，文学作品需要塑造这样一个完美的人。因为人一旦精神坍塌，将根本无法站立。

在吃公共食堂前，公社里派机关干部去各生产队挨家挨户搜查粮食，当时不允许农民家里存放粮食。那时候，冯积岐的父亲担任陵头村生产队的会计。哪一天搜粮食，父亲会提前得到消息，他给能说到的村民搜查前都尽力通知到。有些村民得到消息后开始藏粮食。藏得严实的，躲过了一劫，没有藏严实的，被全部搜去。有一个村民在瓦罐里藏了几斤红小豆，竟然也被搜了去。他记得，那次灾难性的事件过去了好多年后，村民们仍然念念不忘父亲的恩情。他们给冯积岐说：“多亏了你父亲让我们提前得到消息，藏了几斗粮食，不然，那样的年馑，非饿死不可。”父亲天生脾气暴烈，心肠善良，他的心里总是装着和他一样受苦的人。他明知道，他那样做是违犯了政策规定的，他还是那样做了。父亲有着金子一般的心。就像《村子》里的祝永达的父亲一样，利他主义是父亲做人的原则。父亲的善良一直影响着冯积岐弟妹的成长与做人。

1960 年刚一开始，食堂里还有馍馍，有面条。到了 1961 年，生产队里的食堂一天两顿糜子面糊汤。说是糊汤，其实和下毕面的面汤一样稀，糊汤里有几块煮熟了的萝卜。母亲端一个瓦盆，从公共食堂里打回来糊汤，用勺子给一家老少分，一人一小碗。母亲的每一顿饭，都是她给一家人分完饭后，剩多少，她便吃多少。如若是清汤寡水的饭食没有剩下，她就没有饭吃，冯积岐从小就是在这种母爱下长大的。小小年纪的他目睹村民去北山里打酸枣，然后在石碾子上碾成酸枣饼和着碾毕小米的米糠(小米皮)烙成饼吃；曾目睹有人把榆树砍倒，剥下来榆树皮，然后晒干捣碎吃。这些东西冯积岐也吃过。吃下去，屙不下，憋得肚子疼。

冯积岐是半夜里被祖母从被窝里拉出来的，他睡眼惺忪地跟着祖母到了后院里。一到后院，祖母就倒扣上了后门。只见楼房的后檐台上用几块土坯支着一口锅，锅里是母亲已经下好的面条儿。母亲给冯积岐盛了一碗面，冯积岐接过去，埋下头就吃，吃了一碗面，肚子反而更饥了。后来，冯积岐才知道，在公社里派人来搜粮食前，父亲将三斗小麦藏在了祖母已经做好了的棺材中。所幸，搜粮食的人没有打开棺材看。也许，他们潜意识里有恐惧感，不愿意去触碰老人的棺材。父亲和母亲半夜里起来在家里的石磨子上把小麦磨成面粉，过几天，饿得实在不行了，就偷偷做面条吃。吃自己的粮食还要偷着吃，这让当代人觉得实在匪夷所思。因为那时候，只准公共食堂里的烟囱冒烟，各家各户的烟囱是不能冒烟的。甚至有些农民家里连锅也没有了。那时候，有一个口号：只有一只碗、一双筷子是自己的，其余的东西都是人民公社的。

三斗麦子，也是偷着吃不了多少时日的。不过，有这三斗麦子垫底，毕竟比生产队里的其他农民幸福多了。那时候，冯积岐只知道偷着吃可以填饱肚子，他还感觉不到偷着吃在填饱肚子的同时，会给父母亲带来怎样的紧张与不安。对父母亲来说，偷着吃特别是私藏粮食是担惊受怕的事情。如果被生产队里的干部发现，非被再次抄家不可。半夜起来"偷着吃"这件事，冯积岐后来写进了他的小说《沉默的季节》及几篇散文中，它深深地刺激着他敏感的神经。

偷吃自己的都已是惶惑不安，偷吃人家的更是要付出代价。

饥饿的冯积岐和他的小伙伴们偷过生产队里的西瓜，偷过邻家的桃子、杏子。有一次，为偷杏子吃，从杏树上掉下来，摔伤了腰，被人背回去，在家里躺了十几天。他亲眼看见，他的一个小伙伴因为偷吃生产队里的豌豆，被生产队长抓住，捆在了村子街道的土槐树上。他的短篇小说《树上的眼睛》就是有关饥饿的记忆。在小说《沉默的季节》中，对饥饿的体验，在他的笔下苦若黄连，痛若刀割，读之使人灵魂震颤。

上初中的冯积岐每周要步行到五公里以外的学校去读书。秋季里的一天，走到学校半路，他饿得实在难受，随手拔了别人家地里一个白萝卜，还没来得及吃，就被生产队里的人抓住了。那人要把他带到学校里去交给老师处理，冯积岐一再求饶。他知道，这事情如果被老师和校长知道，他就名誉扫地了，也许，他还会被开除，无法再在学校继续读书。那人说："你如果不去学校，就把这个萝卜连叶子一起吃下去。"冯积岐看着带着绿叶沾着泥土的萝卜，无法张口。他怎么能吃下去生叶子和泥土呢？那人看冯积岐站着不动，转身把一口痰吐在冯积岐的脸上，扬长而去。悲凉的秋风迎面吹来，冯积岐呆呆地站在萝卜地里，体味着萧杀的深秋，眼泪在眼眶里打转。饥饿不只是对他肉体的折磨，也是对他精神的摧残。他常说，自己自尊而敏感的性格是饱受屈辱以后形成的。对冯积岐来说，饥饿和苦难未必就是坏事。一位作家经历越丰富，书写也就越透彻。固然，不是说一位作家写小偷就要去做贼。可是，那些无病呻吟或者强说愁的文字堆砌与蕴藏着作者痛彻的生活体验和生命体验的作品相比，读者所获得的艺术享受有着天壤之别。冯积岐的诸多小说中阐述了他对生活、对时代、对人性深刻的理解，以及对人类命运深切的悲悯。

第五章 历练

1

1966年，以批判邓拓、吴晗等人拉开了这场运动的序幕。学校是前沿阵地，大字报铺天盖地，学校里所有的墙壁都被糊得严严实实。起初，冯积岐也跟着造反的学生写大字报、贴大字报，内心里也一样地沸腾着年轻的激情，他以为这就是革命。想到表现自己的机会终于来了，他甚至暗自高兴。他和同学一起参加批判会、辩论会，一起写批判文章。冯积岐曾写过一篇批判吴晗的文章，写得十分犀利、尖刻。一天，他跟着"造反派"学生到邻村去刷标语，当造反派学生在农民的土墙上刚刚写下"造反"，"有理"两个字还没有来得及写上，就被村里的农民扛起铁锨、镢头撵跑了。冯积岐他们一起丢鞋掉帽地向村外逃去，等跑到学校的时候，一个个连气也喘不上来。那一次，他本是跟着去凑数的，他并不知道革命是要革谁的命，也不清楚他的路又在哪里。经过那次遇险事件以后，他再也不敢贸然地跟着去"造反"了。

没有多久，县上在党校里举办教师集训会。教师集训会对全县的中小学教师一齐搞"人人过关"，也就是无休止地揪斗和批判，大多数教师若惊弓之鸟，惶惶不可终日。文弱的教师自然成了"文革"中第一批受害者。

在《沉默的季节》中，主人公周雨言对"文革"中发生的侮辱教师的事件进行了反思，不只是道德层面的反思，还有十分深刻的关于人性的反思——这就是冯积岐从生活到小说的艺术“加工”。

学校里成立了红卫兵组织。“造反派”头头宣布，红卫兵组织中不接收地主、富农出身的学生，上中农出身的学生也要按比例接收。一篇“出身论”的文章狂风一样席卷全国，阶级斗争的天空又布上了一层阴云，文章里疯狂喊出：龙生龙，凤生凤，老鼠生儿打地洞。按照这样的说法，冯积岐生下来就是“狗崽子”。于是，地主、富农出身的学生和被批斗的教师一样被推到了人生最尴尬最孤立无援的境地。冯积岐也曾羡慕那些戴着红袖章的学生，羡慕他们是那么地风光、那么地自豪，好像他们天生就是龙、凤，就是上天的宠儿。1966 年 8 月，第一批红卫兵代表被送到北京接受毛泽东接见，他们回来后无不得意地反复讲述着被接见的经过，那一张张因激动而发红的脸庞，曾让冯积岐也跟着莫名地偷偷地激动着，他觉得那些同学实在是光荣、荣耀至极。他试图投入到火热的斗争中去，于是去参加“造反派”组织的“静坐”。当时，几百名学生在毒辣的太阳底下静坐在县武装部的院子里，一连坐了两天。时至今日，他仍不知道当时是因为什么事情而“静坐”的。他的这些“表现”，最终没能让他当上那令他羡慕不已的“红卫兵小将”。学校那时也已停课，既然不准他“造反”，他便无事可干，成了一名逍遥的无所事事的学生，他像一个站在台下看独幕剧的看客一样，观看“造反派”们疯狂而野蛮的表演。他终于看清楚了，这场运动不是给他那样出身的人提供的舞台。在这样的运动中，他是没有出路的。

后来，和许多地主、富农出身的学生的命运一样，他不无沮丧和失落地回到了家中。

2

农村的革命由轰轰烈烈的破除旧思想、旧文化、旧风俗、旧习惯，也就是所谓的“破四旧”开始了，史无前例地向纵深发展。

随着运动的深入开展，一些人又重弹“西北民主革命不彻底”的老调，冯积岐的父亲听说村子里又要补定成分，他们一家似乎看到抄家的黑手已隐隐地露出了指头。

第二次被抄家前，父亲已经有了预感。他吩咐冯积岐将家里所有的书籍塞进炕洞里烧掉，一本也不能留。他遵照父亲的意思，流着泪烧掉了他钟爱的书籍。最惋惜的是，他曾花几角钱在岐山县新华书店买来的李准先生的《情节、性格和语言》也被烧掉了，包括他写下的好几本读书笔记，也没有能存留下来。他不能不烧掉那些心爱之物，他和父亲一样也怕几本存书给自己飘摇的家再次带来意外的灾难。连几十个装在木套盒中用松木精制的祖先牌位，也被烧掉了，那牌位就是家谱，记录了先祖的出生年月和离世的日子，以及后代子嗣的名字。

冯积岐的家没有幸免，他目睹了第二次被抄家。

冯积岐的长篇小说《沉默的季节》《大树底下》和诸多短篇小说中所流露出的对人的失望，是从他的点点滴滴的人生历程中过滤、沉淀出来的。

冯积岐在《沉默的季节》里是这样写的：

是夏双太领着农民红卫兵来抄家的。脸色阴沉的夏双太的突然而降使得他们一家措手不及，不是说他们来不及转移浮财，他们已经没有什么财产可言，属于他们的只有几身粗布衣服，一些生活用品和不多的粮食。措手不及的是，他们来不及吃早饭就被驱赶到院门之外了……在院子里开挖的声音和农具的磕碰声，以及红卫兵的喊叫声扭结在一起从弯弯曲曲的院门口逶迤而出，一家人狗一样蜷缩在院门外边的墙根下。……挖地三尺的工作在继续着，抄家在继续着。……我害怕了。害怕像灰尘一样在我的心上落了一层又一层，变成了厚厚的盔甲。我想，我没有哭，越害怕越哭不出来。我用一双手不住地在土墙上抠动，尽管手指头上磨得血珠点点，我还是没有停止抠动。我妄图在土墙上抠出一个洞穴钻进去，好藏匿我的害怕和我的羞耻。

抄家给主人公周雨言带来的“害怕”，是冯积岐“害怕”的真实的心理写照。

在同一所院子的叔父家里，“造反派”们挥动着镢头，一会儿就把叔父家的土炕打塌了。父亲和叔父都愣怔在一边，他们对造反派们的这一举动没有一丝防备，根本不知道那些“造反派”是有备而来的。他们无从知道造反派是从哪里得到的消息，造反派又是怎么知道叔父家的土炕下面有一眼水井的。他们打塌了土炕，露出了井口，有一个“造反派”腰里捆着一根绳子下到了井里。原来，半井处有一个拐窑，里面确实藏有东西。“造反派”搜出了半笼银圆、玛瑙、翡翠、玉器。

冯积岐第一次见识了这些珠宝，有红得耀眼的玛瑙，绿得滴水的翡翠，以及透亮的玉镯、玉佩。看到这些稀罕之物，那些年轻的“造反派”大呼小叫，两眼放光。他们提了半笼子的战利品兴高采烈地走出了院子，这些东西最终不知流落入谁人之手，是被造反派们私分还是上交到公社，他们一家人不得而知。那十年结束之后，在清退被抄去的财物时，这些东西一件也未被追回。谁是告密者？至今是个谜。连祖母也不知道祖父藏匿这些东西的地方，叔父不知道，父亲更不知道。他们都觉得事出蹊跷，是祖父当时藏东西的时候，被村里人发现了还是怎么了？不会，祖父做事太谨慎了。这一点，全家人心里都很清楚。是祖父无意中说漏了嘴？不，也不可能。祖父是一个言语谨慎得如石头一般的人。那么，这就怪了，真是怪事！被抄家后的许多日子里，全家人都处在惶惶不安之中，十四岁的冯积岐再次经历了不安、恐惧，这比黑夜里一个人走路或掉进井里更让他害怕。冯积岐没有丝毫的安全感，更没有可以依靠的人。在《沉默的季节》里，他借周雨言的口，不止一次地说出：“我无依无靠，我无依无靠。”在那样的境况下，祖母靠不住，父母也靠不住。他们没有能力不使自己的儿孙担惊受怕。他目睹了“造反派”抡起镢头打塌叔父家土炕的情形，站在一旁的叔父上前阻止：“你们要找啥东西，就在房子里找，把炕打塌了，我们晚上睡哪达呀？”一个“造反派”指着叔父的鼻子说：“不许你说话，给我好好站着，再多句嘴，看我咋收拾你！”叔父不再吭声，父亲大概是见惯了“造反派”的嘴脸，他对叔父说：“你不要说了，叫人家挖去。”院子里的空气十分紧张，几乎到了一点就着的样子。

当“造反派”们怀着能得到金银财宝的梦想来抄家的时候，殊不知，这个家已是家徒四壁。在冯积岐的记忆里，家里最后穷到连二分钱的火柴也买不起的程度。母亲每天做饭，总要抓起一把麦草去隔壁点火，将一团老棉花点着裹在麦草里，再一路小跑回到自家的厨房塞进灶膛，赶紧拉动风箱让这点儿星星之火燃起来，就这样做顿饭。祖母身上的衣服一穿就是十几年，缝缝补补又几年。开春了，她将棉袄中的老棉絮掏出来，外皮洗一洗，仍旧当作夹衣穿。一年四季，一套单衣，一套棉衣。

十七八岁的冯积岐，第一次穿上了从外面买回来的衣服，那是一件漂亮的蓝色红卫服。直到穿得掉了色，母亲买了黑颜料染成黑色又继续穿，一直穿到衣服的前襟破了几个洞补补还是接着穿。他在太白县修公路结束的时候，临回来前想照一张相做个纪念，无奈没有一件像样的衣服，借了同村的知识青年一件螺纹线衣一条裤子一双鞋照了张相，完成了他的心愿。一年四季，除了过冬穿母亲缝制的粗布袜子，其他时间从不穿袜子。一直到一九八零年前后，他依旧是一双光脚，穿一双布鞋。

冯积岐结婚后没几年，日子过得实在艰难。父亲提出分家，好让儿子负担轻一点儿，日子能过得宽松些。分家时，冯积岐身上没有一分钱，买灶具的钱也是借的。分家后，他每年的全部收入是喂一头猪，在年底卖了得到的那几十元钱，家里支出一分钱，他都要记在一个小本子上。过年过节买二斤蒜苗或一斤大葱，他也要事先算好账——他是不能多花一分钱的。冯积岐堂妹结婚时，冯积岐的妻子想给妹妹送一把二毛钱的梳子，借了半个街道，好不容易才借到二毛钱。

当然，那时候的农民都在贫困中艰难地过活着，冯积岐的家也如同残秋中伫立在田地里没有叶子的高粱秆儿。家，不只是没有财产，似乎也没有了温度，冰冰凉凉的。

2013 年冬天，冯积岐去陕西眉县采访，一个年过七十岁的当年的地主狗崽子沉郁地给冯积岐说："凡是要脸的都死了，凡是不要脸的都活下来了，咱也是属于不要脸的人。"这句看似平淡、实则深刻的话语刀刻一般从他的心头划过。从这位老农的话中，冯积岐听得出，他之所以能像《村子》中的祝永达一样活下来，付出了多少的自尊和尊严。这个老农民的自我"检讨"是给失去的自尊和尊严所唱的一曲挽歌。这位农民是清醒的，冯积岐也是清醒的。他知道，灾难过后，用自己的奋争才能挽回失去的一切。

《村子》中的祝永达和眉县的那个农民一样，"文革"结束后，加入了共产党，当上了村支书。他艰难创业，为了修复"不要脸"的心理创伤，最终很"要脸"地活跃在改革开放之后的人生舞台上。主人公祝永达的"典型性"和"普遍性"就在于此。如果冯积岐没有"文革"中的深刻体验，是很难塑造出这样活生生的人物形象的。

第二次抄家，冯积岐承受着沉重的精神压力，因为他已谙世事了。第一次被抄家时，冯积岐只有九岁。第二次被抄家，冯积岐感受到的不仅仅只是"害怕"，还有屈辱，他不能不想到他们一家人的生存状况，他们面临着要怎样活下去的问题。

冯积岐在反思十年"文革"的时候，他没有把笔触停留在"浩劫"上，没有一味地诉说“苦难”。对于那场运动，他从人性深处进行拷问、探究。在《沉默的季节》中，冯积岐写到了饥饿、抄家、苦难，他最终揭示的是人性的扭曲。“文革”不仅仅使周雨言他们皮肉受苦、人生受挫，最要命的是造成了一代或几代人的心灵的扭曲。包括六指队长、马水祥、宁巧仙这些红五类同样被扭曲了灵魂，成为受害者。《沉默的季节》之所以在思想性上超越了同类题材的作品，源于他对亲历的事情的深刻思考与深邃见解。

第二次被抄家的情景，再次铭刻在冯积岐的记忆深处。生活无数次地证实了他所说的那句话：对于作家来说，无所谓好生活或者不好的生活，什么样的生活都是生活，经历过的都是财富。他没有怨怼，只有埋下头来像一头老黄牛一般耕作在文字的方寸之间，徜徉在文学的殿堂，圣徒般地听候灵魂的召唤，给文学长廊中增添了一个又一个栩栩如生的艺术形象。

第六章　银元，以及那些艰难的日子

1

在冯积岐的短篇小说《银元》中，冯积岐讲述了一个少年的成长故事。这个与两块银元相关的故事始终关系着人的自尊和尊严。故事中的一些情节取材于冯积岐历经过的事情，是他当时真实的心理写照。那些刻有袁世凯头像的银元给冯积岐的心理带来了巨大的冲击，使年少的他的稚嫩情感备受磨难。

1964 年以后，冯积岐家里和所有农村家庭一样的是，日子一年比一年更加困难。在生产队劳动一天的工分只有三两毛钱的报酬，全家人所挣的工分勉强够分口粮。每年分红时，他的家庭从生产队得不到一分钱。1966 年，冯积岐又添了一个小妹妹，一家九口人要吃盐、要点灯，生了病要诊治，每年所有的经济来源是喂养的那头黑猪到年底卖掉所得的钱。幸运的是，家里还有几十块银元。那是爷爷当家时省吃俭用抠下来偷偷藏起来的仅有的家底了。银元兑换成纸币才能拿出去用，而要把这些银元兑换成纸币就要去县城的银行，父亲不愿去做这件事，他怕的是在县城街道上碰见自己当年的“革命同志”。父亲是一个自尊心极强的人。当年的父亲，在岐山县政府工作的时候，正是风华正茂的年龄。十八九岁去农村搞“土改”，不论老少，村里人都尊称父亲为“老冯”。而如今，父亲落魄了，觉得自己无颜面对昔日的同事。父亲还怕被银行里的工作人员盘问，他毕竟曾经是党的干部，如果银行里的工作人员不给面子，父亲会很难堪，很尴尬，会无地自容。而母亲不识一个字，连县城银行的位置都找不到，让母亲去兑换银元，不安全，也不能让一家人安心。看来只能由冯积岐去银行兑换了。

第一次去银行兑换银元，一路上，冯积岐将手伸进衣服的口袋里，手捏住两块银元，不敢放开，生怕银元从衣服口袋里掉出来。一直走到县城西关的时候，他还是忐忑不安。找到银行的门，脚虽然踏进去了，但他心里一阵发慌。他一步一步地挪到窗口，因为柜台比他的个子还高，他踮起脚，看到了柜台里面的工作人员，那是一个长着一对三角眼、嘴唇很薄、下巴很短的中年人。冯积岐从衣服口袋里掏出来两块银元递进去，说："给我换成钱。"三角眼把银元拿过去，右手的大拇指和食指抠住银元的边，左手在银元上很老练地弹了一下，银元发出露珠滴落一样晶莹的响声。三角眼将银元收了起来。冯积岐等着那人付钱给他。半晌，三角眼不吭声，冯积岐也不敢问，只是眼巴巴地看着柜台里面，等待三角眼给自己兑换银元。又过了一会儿，三角眼抬了一下眼皮，问他："银元从哪里来的?"冯积岐一时无法回答，他心想，当然是家里的，这还用问吗？三角眼又问："家里是啥成分?"冯积岐嗫嗫嚅嚅地说："地，地主。"三角眼说："我就知道贫下中农没这东西。你回去，银元没收了。"冯积岐一听，头轰地响了一下，立时傻眼了。他争辩着："这是我家的，你咋能没收?"三角眼看也不看他，只顾干自己的事。站在柜台外面的冯积岐急得眼泪都快下来了，他不知道该怎么办，只是不停地求着三角眼："叔，你把钱给我吧；叔，你把钱给我。我婆病了，等着用钱看病哩。"他的话等于树叶落在地上，没有一丝回响，他没有办法，只有一声声地恳求着。他声泪俱下，哭着说："叔，你把钱给我吧。"三角眼吼道："喊啥喊？碎崽娃!"冯积岐看到三角眼拉下的那张脸如同木匠的刨子刨过一般，那人双目圆瞪，目光像弹弓上的石子儿一样直直地射向了冯积岐。三角眼的喝喊吓住了冯积岐，他不由得止住了哭声。又过了一会儿，还是没有等到回音，他双手趴在柜台上，茫然而又绝望地看着柜台内的那个人，一声不吭地在等待，等了好长时间，三角眼把四张一元钱的纸币从柜台里面扔了出来，纸币飘到了地上。冯积岐一张一张地拾起如此艰难才兑换到的钱，噙着眼泪走出了银行。

回到家，冯积岐把钱交到父亲手上。父亲问他："人家没问啥吗?"冯积岐说："没有。"年少的他将自己受到的屈辱悄悄地吞咽了下去。

当父亲再一次要冯积岐去银行兑换人民币时，冯积岐不去。父亲一听就躁了，他责备冯积岐：“十几岁的人了，啥事都干不了。”在父亲的眼里，他认为兑换银元就是个跑跑腿的小事。没办法，父亲见拗不过和他一样有些倔强的儿子，便叫母亲去，母亲不能不去。母亲虽然不知道儿子不愿去的原因，但她看得出，儿子肯定不会平白无故地违逆父亲的意愿。她叹了口气说：“算了，我去吧。”母亲已走出了院门，冯积岐又撵出去，把母亲叫住，从母亲手里接过银元，他说还是自己去。小小年纪的冯积岐不愿意母亲去银行受人欺侮。

揣着两块银元，冯积岐从村口的白皮松下的那条乡村土路上走过去，走上了去县城的乡村土路。走了大约一半路程。冯积岐不想再继续往前走了。他把两块银元从衣服口袋里掏出来撂进了路旁的谷子地里。他憎恨银元，他觉得，他的屈辱是这可憎的银元带来的。就像冯积岐后来读到的契诃夫的一部短篇小说中的情节一样，契诃夫在小说里写道：年幼的小保姆长夜不眠，瞌睡得实在不行。在小保姆看来，她不能睡眠，是摇篮里的婴儿造成的，于是，她就掐死了那个婴儿。这样，她终于可以睡个安然觉了。这是多么可悲又愚蠢的想法啊！冯积岐憎恨银元，就像小保姆憎恨婴儿一样。成年后，他明白过来，他憎恨的不应该是银元。恰恰是这些曾令他受尽屈辱的银元，在生活极其艰难的年月里使他们家摆脱了困境，救了他们一家人的命。试想，如果没有这些银元补贴家用，他们一家的日子真不知道会是什么样子。他准备回去给父亲说银元丢失了。于是他便往回走，走了几步，他又返回去。他突然感觉到，这四块钱，对这个家庭来说有多么重要。他走进了谷子地，找到了那两块银元，又开始往县城里赶。他已做好了受欺负的心理准备，即使银行的人向他脸上吐口水，对他拳打脚踢，他也要忍受这一切。在那一天的煎熬中，他似乎成熟了许多。

跟第一次不一样的是，这次冯积岐面对的是一个脸圆得跟金瓜一样的年轻女人。她照例问了冯积岐家里是什么成分之类的话。冯积岐脱口而出：“地主。”年轻女人说：“回生产大队开一个证明拿来再取钱。”冯积岐愣住了，他怎么敢去生产大队开证明？他家里私藏银元的事一旦让大队干部知道，肯定又要来抄家的啊。他只能闷声说：”证明我开不来。”那女人说：“开不来证明，就别想要钱了。”冯积岐无奈，只好左一声姨右一声姨地叫着：“姨，把钱给我；姨，把钱给我。”只见那女人站了起来，冲着柜台外面的他吼道：“胡喊啥哩？

谁是你姨？走开！”冯积岐不知所措了。他心里明白，自己是不能就这样走开的。他只能等待，等待那女人什么时候开恩再把钱还给他。柜台里面坐在年轻女人对面的一个小伙子说：“瓜娃，你把人家叫姐才合适，你再叫姨，就别想要到钱了！”原来，女人认为自己被这个小孩叫老了，他无意间惹怒了年轻女人。冯积岐不能叫姨又不敢叫姐，只好在柜台外面愣怔地站着，无论何种结果，他都得等。他心里如同猫抓一样，无奈、焦灼、担心、不安、渴望、失望等各种情绪一齐涌向他，也捉弄着他。大概到了吃中午饭时分，那个小伙子似有不忍，对那女人说：“把钱给娃吧，娃等了一晌午了。”女人瞅了小伙子一眼，转向冯积岐对着他眼皮一翻，迅速地瞅了一眼，取出钱，却故意放在柜台的最里边，冯积岐人小，胳膊伸进去也够不着，他向上跳了一下，还没有够着。他再一跳，用粗布做的布条子裤带被挣断了，裤子霎那间掉在了脚踝处，里面没穿内裤，屁股和私处一下子就全部亮了出来。冯积岐听到身后的笑声，他脸红心跳，委屈至极，滑稽至极。他一只手撩着裤子，用尽力气跳起来去抓钱，终于抓到了钱。他将钱装进了贴身的衣服口袋，拾起挣断了的裤带，续绑在一起，勒上裤子，几乎是小跑着出了银行的门。回到家，他把钱交给父亲，再也憋不住，放声大哭。不知缘故的父亲却责备他：“你看你，十几岁的人了，叫你去换个钱，还哭啥呢？我像你一样大的时候，犁地，扬场，啥活都干哩。”面对父亲不明就里的责备，他一句话也没有说，只能把心里的委屈咽下去。他知道，即使父亲破口大骂，他也不会倒出自己所受的屈辱的，因为父亲替代不了他。生活环境锻造了他既懦弱又倔强的双重性格。

冯积岐两次兑换银元受辱，感情上很难接受那样的现实。但是，他很快平复了自己的一腔怨恨，因为他想到了曾经被大队干部叫去和村里的地主、富农一起训话，上批斗会陪斗的情景。当他第一次和地主、富农分子站在一起被一声声地呵斥时，年少的他顺着墙跟站着，连头也不敢抬。他记得，那天午后，大队干部把他们几十个人召集到一家拆了房的空地上，这几十个地主富农和他们的儿女都低垂着头，听大队干部训话。这些人都像木头、石头一样，没人敢吭一声。站在角落里的冯积岐看着西斜的太阳，胸口像被人踩上了一只大脚，堵得慌。

在冯积岐的长篇小说《沉默的季节》里，他写到了他对“银元”的记忆：

我再一次上路了。我从村子前边的那棵大松树下走过去，走上了通向县城的土路。我走得很慢。我一触摸到衣服口袋里的银元，憎恶之感油然而生，我极其憎恨它。县城离我越来越近了，我一看见灰黄而孤单的城墙，心跳得更厉害。我走过了商店走过了食堂走过了贴满标语的砖墙和唱着语录歌的高音喇叭，终于走到了银行门口。我朝里张望了一下，一眼就看见了被我蹬翻的那张凳子，看见了银行里的男人和女人。我害怕银行害怕凳子害怕男人和女人害怕我存在的空间，我没有胆量再向前跨出半步，拧身就往回走。

走上了田间土路，我长长地出了口气，田地里的小麦很旺盛。我的手指刚一触到银元，害怕就从手指头上传遍了全身的每一根神经。我还是憎恨它，憎恨银元！……

冯积岐通过主人公周雨言的口讲述了自己当时深刻的体验：那就是害怕，对一个时代的真实而庞大的恐惧感。这就是“文革”给一代人造成的心理上的伤害和扭曲。因为有亲自兑换银元的切身体验，他才能如此透彻而准确地写出周雨言内心的痛苦与无奈。周雨言孱弱的性格的形成和对那个时代深切的恐惧分不开。

关于“银元”的故事，冯积岐没有仅仅写到此为止。改革开放后，周雨言的哥哥周雨人因为祖辈留下的一部分银元奠定家业，创办了针织厂，而后发了家，成了企业家，成为县里数一数二的新闻人物。有了钱以后的周雨人，并没有摆脱掉“文革”带给他的创伤印记，他始终怀有强烈的报复心理。由于特殊环境造成他缺失了心理的健康，缺失了完美的道德标杆，最终使他回过头来报复社会，以致于最后走上了歧途。

也许，冯积岐憎恨银元的深层意识在于一种困惑，即银元这一象征财富的东西带给人们的又是什么？在《沉默的季节》中，由“银元”而生发矛盾的故事情节带着作家对人生深邃的思考与严谨的拷问。憎恨银元，不是简单意义上对金钱的诅咒。金钱本身没有罪恶。憎恨银元，是因为兑换银元让本无自尊可言的日子更增添了心灵上无以复加的煎熬。1973 年冯积岐结婚，日子依旧像破旧的衣服一样，四处漏风。他没有一双像样的鞋穿，想买一双胶鞋也苦于没钱。当他为没钱的日子愁肠百结的时候，祖母从她的小柜子里拿出包裹了数层的两块银元，那是祖母积攒了大半辈子的私房钱，她平时舍不得花钱，但她慷慨地给了困难中的长孙。冯积岐一旦提起银元，就怀念曾经给了他无限疼爱的祖母。遗憾的是，1975 年，在那依然艰难的日子里，祖母去世了，没有享受到儿孙带给她的宽裕的幸福生活。现在，每当提到银元，总会勾起冯积岐对祖母深深的怀念。

2

冯积岐刚从学校回家当农民的那两年，由于身体羸弱，高强度的体力劳动他根本吃不消。家族中的一个爷爷当了生产队长，为了让这个孙子能干点儿轻松活儿，他打算让冯积岐去生产队里当记工员。结果，大队支部书记知道后决然地阻止了这件事，还当着爷爷的面说："地主的娃当记工员，贫下中农不答应。"一个小小的记工员，冯积岐也不能当。

1970 年，冯积岐被派往太白修战备公路。刚去的时候，生产队带队的负责人指定让冯积岐当管理员，管理二十多人的伙食，负责买菜、记账。在外的日子里，虽然条件艰苦，冯积岐还是很认真地做事，将伙食管理得井井有条。过了一个月，一个姓刘的干部不答应了。他说："这么多人的伙食咋能让地主的娃管理，地主的娃当管理员，贫下中农不放心。"就那一句话，冯积岐被打发到工地上干活去了。他的委屈无处诉说，但他清醒地认识到，自己只能干最累最苦的活儿。

1984 年，以冯积岐的勤奋好学与聪明的天资，他很快脱颖而出，当上了北郭公社广播站的通讯员。他的工作是写广播稿，当通讯员。一天中午在单位灶上吃饭，大家蹲在院子里边吃边聊，一位干事随意开冯积岐一个很私密的玩笑，也许那个干事无意间触痛了冯积岐那根敏感的神经。当即，冯积岐将端在手上还未吃一口的滚烫的一碗面条朝那个干事的脸上摔过去，那个干事被烫得哇哇大叫。冯积岐后来跟别人说起时，为自己曾动粗而后悔，但他不服的是，"八大员"难道就低人一等？就可以让人随便欺负？自己虽然不领公家工资，但人格并不低贱，宁可不干这份儿工作，也不能被人下眼看。他把自尊和尊严看得比生命还重要。在别人眼里，他就是一团不能随意碰触的地火，带伤的是自己的内心深处。

1964 年社教时，冯积岐家的好多树木被分走了，只留下了一棵老柿树。深秋时节，柿子成熟了，冯积岐爬到树上去摘下柿子。等到了冬天，他担上柿子去县城里卖。第一次去卖柿子，还是在读小学的时候。星期天，他担着两小笼子柿子进了县城，那一担柿子全部卖掉，也只能卖两三块钱。他在县城西关的街道上蹲了半天，只卖了一毛钱。后来，来了两个干部模样的人，他们要冯积岐交三毛钱，说是税款。冯积岐把身上所有的兜翻出来只有那一毛钱。那两个干部不相信，又在冯积岐身上搜了一遍，确实只有一毛钱。他们拿走那一毛钱后，还厉声呵斥冯积岐："没有钱，就把棉裤脱下！"冯积岐以为他们在开玩笑。他红着脸，站在那儿，没吭声。一个长着马型脸的中年人再次喊叫："脱！"冯积岐这才觉得，他们不是在开玩笑。他下意识地用双手提住了裤子，马型脸走到他跟前，一双大手拽住他的裤腿猛一拽，裤子就掉到了脚踝上，冯积岐哭了。他露出了光腿，冷风吹来如鞭子在他的赤裸的腿上抽打。马型脸又一脚把一只笼子踢翻在地，然后与另一个人扬长而去。柿子没有卖完，他还受人欺侮，而且还糟蹋了一笼子柿子。冯积岐担上空担子，十分沮丧而又百般难过地回到了家。父亲问他是咋回事，他没有吭声，父亲就开始抱怨："十多岁的娃娃了，啥事都弄不成！我十几岁的时候，你爷爷在县城开了一个店铺，我就成天守在店里帮忙卖东西。"父亲总是用自己小时候怎样怎样来训示儿子，好像他的苦难他的冤屈比儿子多很多。冯积岐听了，无法言说的委屈积压在他的胸口，他哭了。

柿子卖不掉，可以担回来再卖。而山柴卖不了，就毫无办法了。

那时候，冯积岐的父亲给生产队放羊。每天回来时，父亲要割一捆子山柴。为了换几个钱，冯积岐把父亲割回来的山柴拉到县城东关的柴集上去卖。去的时候，是下坡路，回来就成上坡了。如果卖不掉，回路是上坡，一架子车柴很难从县城拉回陵头村。卖柴的是农民，买柴的都是县城里的居民。冯积岐在柴集上苦守大半天，又饿又冷，他抱住膀子，在架子车旁转圈圈。到了半下午，眼看没人来买，他急得眼泪都快下来了。假如柴卖不掉，他真不知道该咋办。等到天擦黑的时候，终于来了一个买主，价钱压得极低，还要求冯积岐把柴拉到县城南关的家里去，一架子车山柴仅仅卖了三块钱。回到家里的时候，家人都已经吃过晚饭，冯积岐又饿又累，一句话也说不出来。

为了生存，他打过席盖，卖过席盖；他编过笼子，卖过笼子。如果让生产队长知道这些，就要以割掉"资本主义的尾巴"为名，断送他们一家为生存而谋划的出路。那样的年代，是不允许任何人私自外出给自己挣钱的，哪怕是靠吃力流汗多挣几个钱，也要偷偷摸摸进行，做贼一般。

打席不是一件轻松活，而且只能在晚上加班干。买来芦苇，用工具把芦苇一根一根一分为三破开，然后，拿到打麦场上去，一双手推动着碾压麦子的碌碡把芦苇碾压柔顺了，才能开始打席子，打蒸馍笼上面盖的席盖。碌碡在芦苇上碾了一遍又一遍，直到最后，他浑身已是汗水淋淋。处理好芦苇以后，晚上借着月光蹲在院子里打席子或打席盖。稀薄的月光水一样洒在院子里，他一干就是两个多小时，站起来时，人发昏，腿抽筋。打好席之后，走村串乡去卖，在村子里转上半天，才能卖掉两三个席盖。这些活路都是背着生产队长偷偷地做的。

笼子不是用做扫帚的竹子编的，而是用在北山里割回来的荆条编的。一般都是在晚上，坐在昏黄的油灯下整夜不睡觉编笼子，一个笼子只能卖三两毛钱。

1980 年春天，冯积岐的一个远房表弟在国营先锋机械厂揽下一个拉土方的活儿。那是个军工企业，厂子要在周公庙旁边的一条山沟里建几个存放弹药的库房，这就要求必须将山头削下来，建成一处平坦的空地，拉土方这些活儿要人工才能完成。表弟是工头，他担心冯积岐身体瘦弱吃不了这么大的苦，拿不下来这么重的力气活，可冯积岐满口答应自己能行。他只有一个想法，只要有活干，能挣钱就行，苦和累他根本就不在乎。

当时，他在生产大队担任文书、出纳、广播员和村里的兽医。他给大队请了两个月假，去了工地上干活儿。

在工地上，每天天未大亮，冯积岐在家匆匆吃过早饭，带上两个馍作为午饭，拉上架子车去四里外的周公庙旁边的山沟里拉土。一天至少要拉六方土，将近六十架子车。山沟里的土土质很硬，用力太小，镢头抡下去就会被弹回来。一到工地上，他就脱成单衣单衫，不停歇地用尽全力抡着手里的镢头。太阳还在山那边徘徊，冯积岐已经挖好了几十土方，撂下镢头，就拉起车子运土。土要拉到两里外的土坝上去。下去的时候，是一道慢坡，回来时一路上坡，拉上两回，就已是汗流浃背，身上的衣服被汗水浸得湿透，头上汗珠滚滚，头发也粘到一块了。那时候，工地上的人都想多拉几回土，都想着多挣些钱，因此，架子车不是在路上走，而是在跑着，一路小跑，听不见车子在路上碾压的声音，只有人的喘气声像尘土一样铺满了那条坑坑洼洼的土路。不停歇地从早晨七点多拉到中午一点多，这才坐下来，啃两块冷馍，在工地的简易楼房边的水龙头上喝几口凉水，一顿饭就那样搞定了。然后，抽两支家里带来的劣质烟，接着又开始挖土、拉土的工作。每天干到太阳落山才拉上架子车往回走。等回到家里的时候，早已是饥肠辘辘了，不论啥饭，端起碗来囫囵吞下，先填饱肚子要紧。冯积岐的妻子回想起当时的情景，曾不止一次地说，在那两个月里，冯积岐每天要吃二斤四两面，早上走时吃一斤二两，下午回来，再吃一斤二两。能吃那么多，可见干的活儿有多重。吃完了饭，他就累得站不起来了。刚去工地开始拉土那两天，冯积岐确实感觉有些撑不住这种高强度的体力劳动，每天，干十多个小时，一分钟也不停，从早到晚，身上的汗水从没有干过。他给妻子说，自己流下的汗如果每天滴下来，至少有一桶。他硬是咬着牙在工地上坚持了两个月。同时，他赚到了人生的第一桶金，就是从汗水中捞出来的五百元工钱，那是他有生以来见到的最多的钱了。他万分高兴，当即买了一辆自行车，这是他和父亲分家后置办的第一份家业。

干了两月，冯积岐还想继续干。他找队长去请假，队长说："你要去拉土方，就不要在大队里干了。让你到大队里来，是经过支部会研究过的，怎么说你也算一个干部，你好好掂量一下。"冯积岐想在大队里干下去，他明白虽然当时只挣工分不挣钱，他也不能丢了这来之不易的工作。像他这样的人，能在陵头大队人模人样地工作，实在太不容易了。冯积岐知道队长是好意，他静下心来考虑了一番队长的告诫以后，放弃了继续拉土挣钱的打算。

日子在艰难中前行，生活似乎也没有多少起色。为了活着，冯积岐付出了太多，精神的屈辱也罢，身体的透支也好，都在一天天地增加着他生命的厚度，也为他后来从事文学创作积累了丰富的生活素材。

第七章　病痛中的爱情故事

1

冯积岐病了。

冯积岐并非天生就有一副羸弱的身体，童年的他受到过几次重创。一次是失足掉到了一口枯井里，之后的第二年，又从一棵杏树上摔下去，差点儿摔死。那是初夏里的一天，他偷偷爬到村里冯耀麟伯伯家后院的一颗杏树上去摘杏子，站在不太结实的树杈上，双手抡起一把木制大刀，大刀是村子社火班子里的旧道具。当他将大刀抡向还未熟透的杏子的时候，由于用力太猛，一下子就从树上扑了下来，重重地摔在了地上，当场昏厥。后来的事他是听祖母说的，一家人都吓坏了，幸好没有伤到内脏，他才保住了一条命。读初小的那年春天，他总是动不动就流鼻血，先是从鼻孔里流，到后来发展到从口腔里往外流，用什么办法也止不住。他脸色苍白，一副有气无力的样子，祖母很担心，不知孙子到底怎么了，失急慌忙把村里一位游医请到家里给孙子治病。那时候，村里不论谁得病，不用去诊所，不用吃药打针，就用游医的土法治疗，总是会见效的。那位游医来到冯积岐家里，用的依然是老办法。一番望闻问切之后，就让祖母端来一碗老陈醋，将几张黄表纸在老陈醋里浸泡了一会儿，然后拿出黄表纸敷在冯积岐的额头和脖颈两侧。过了片刻，鼻血竟然奇迹般地止住了。

冯积岐稚嫩的身体从小受过多次损伤，加之营养不良，他长得很瘦弱，根本扛不住繁重的体力劳动，一旦病倒，很难缓过来。那是1968年的暮春时节。那天，冯积岐刚从学校回到家，生产队通知他到县城通向西方公社的路基上去修路。那是一条需要开山凿石才能打通的山路。冯积岐的活儿是抡起八磅锤用钢钎打眼。打好眼以后，炮手们装炸药找准地方放炮，那样反复几次，才能炸开一条通往山外的路。这不仅是件重力气活儿，也要技术到位，打得精准。冯积岐抡不动八磅锤，也没有什么技巧，每次他都打不到钢钎的盖子中间。他最担心铁锤打上按钢钎人的手，却偏偏打在了人家的手上。按钢钎的人便用粗话骂他："碎崽娃子，你屄都弄不成，要个媳妇都弄不到地方上去。"冯积岐不敢言传，他把人家的手砸伤或擦破了皮，自己理亏，无法再说什么。于是，他和按钢钎的人互换了活儿，由他来按钢钎，抡捶的人打一下，他必须很快地转一下钢钎。可是，他转动的速度又慢了半拍，跟不上抡锤的人，又把抡锤的人闪到空里，人家既没有打上钢钎，又险些砸在了他的手上，他还是免不了遭受一通唾骂。

在那条路上，他从正月初干到了二月底。

冬季，父亲被生产队派去公社石灰厂拉石头。后来，父亲病了，冯积岐去顶班。公社石灰厂在距离陵头村五六里外的山脚下。天还没亮，冯积岐就背上馍口袋出了村子，他要赶在天大亮之前就上工。石头是从山下的高处向低处拉。路是下坡路。每块石头都有百十斤重，要把那些呲牙咧嘴的石头搬上架子车，对于身体单薄的冯积岐来说很不容易。他的力气太小，一架子车要装七八百斤重的石头，一不小心，手就会碰在石头锋利的茬口上，割破了皮，鲜血直流。等到把架子车装满，他已是大汗淋漓，气喘吁吁。上了路，他拿出所有的力气才能掌控左右摆动的架子车。山路不但很窄，路上还布满了碎石头；右边是山岩，左边是深沟，一旦连人带车跌进沟里，几乎无人能够幸免于难。他使尽全身力气，小心翼翼地行走在坑坑洼洼的山路上，把石头拉到石灰厂，倒在石灰窑旁边，从那面坡上要把空架子车再拉回去，上坡路，更是费力。石灰厂的架子车不是农村人拉粪、拉土用的轻便架子车，架子车要对付石头，只能用几寸厚的木头钉得结结实实，仅仅一辆架子车就有百十斤重。一天干下来，冯积岐脊背上的汗水浸透衣服，衣服紧贴在身上，黏黏的，很不舒服。两天过后，浑身已是散架一般，身上像刀子扎上去一样疼。

生产队长总是派最吃力的苦活儿给他，这是自然的。

夏天收麦子。麦子在大场里碾出来之后，要把麦草垛起来，而丢(向上撂)麦草也是力气活儿，还要站在不透风的麦草垛子跟前，被四十多度的高温炙烤着。冯积岐丢(撂)了大半天的麦草，额头流下来的汗水蜇得眼睛生疼，全身像从水里涝出来的一样，喉咙眼里也直冒烟，两条胳膊酸痛无力，实在抡不动看似轻若草芥的麦草了。可是，没人来替换他，他连喘口气的功夫也没有，稍事歇息都是一件不容易的事。他只好一木杈一木杈地向垛得越来越高的麦草垛子上丢(撂)着麦草。到最后，他体力不支，恶心，眩晕，眼前发黑，顺着麦草垛子溜了下去，就不省人事了。因为中暑，他被人抬到了树荫下，算是歇了下来。

生产队长派他去山庄里犁地，傍晚收工卸犁回到家里，他还要加班给家里割烧锅的柴火。割满一架子车柴火(七百斤左右)，再不停歇地拉回家。又一个傍晚，在卸犁以后，他和同村一个大他十多岁的同样出身的农民娃装好一架子车柴火，出了山庄的院畔向二十里外的家里走去。天黑得伸手不见五指，夜色浓重坚硬如石头一般化不开。两个人一前一后，小心翼翼地行走在凸凹不平的山路上，左边就是深不见底的山沟，一不小心就会车翻人毁。一路上，他们除了小心谨慎，还得使尽全身力气用肩膀扛着架子车的车辕才能往前挪动。走着走着，架子车突然被地上的一颗石子磕了一下，由于车子装得太多太高，重心极为不稳，车子一下子侧翻了。幸运的是，车子翻到了右边——靠山崖的那一边，才不至于连人带车翻到沟底。冯积岐赶紧呐喊让前边的同伴将车停下来，两个人想把架子车抬起搬正，折腾了半天却怎么也抬不动，他俩的力气加在一起也无济于事，根本撼动不了车子一丝一毫。他们只好把装好的十几捆柴一一卸下来，再搬正车子，重新装上柴火，重新用绳子勒紧勒结实。

回到家，冯积岐把柴火一捆一捆背进院子，吃几口玉米面粑粑，喝了一碗开水，拉上架子车又上山了。一辆空架子车要拉到二十里外的山里面去，山路很陡，又不平整，一路下来很不容易。他和同伴两个人一路上说着话，直到把一颗颗星星送落了，才又回到了山庄，一来一回已经是第二天早晨套犁上地的时候了。冯积岐放下架子车，没法再歇一会儿，直接去牛圈里解牛套犁。一天一夜，他没有合一眼。现在，当冯积岐回忆起那一段艰难的日子，他感慨自己如何承受得了那么重的活儿，遭受那么大的坎坷。但是，他很庆幸自己扛过了那段日子，就像曾经扛起了一座大山一般，往后日子里大大小小的苦难，他很容易就扛过去了。

冯积岐因为胸腹疼痛而病倒了。不只是劳动时疼痛难忍，呼吸时也苦不堪言，吃了好几副药，作用不大。而且，家里也没有更多的钱再为他治病了。祖母毫无办法，她拄着拐棍，牵着孙子的手，到离家十几里的麦禾营公社的一个村子里去求神医，祈求孙子得到神医的救护。在神医家里，冯积岐看到，神医是个中年女人，祖母给了神医五毛钱，那个女人便在冯积岐的身上这儿捏捏，那儿拍拍，最后包了几包香灰，让冯积岐拿回家服用。看过神医，冯积岐喝了几天香灰，还是不济事。

到了那年初夏时节，生产队里来了宝鸡市中医学校几位支援夏收的老师。冯积岐在大队会议室见到了其中一位老师，四十多年过去了，冯积岐没有记住那位老师的姓名，但那位老师当年的形象他记得很清楚：中等个子，圆脸，三十七八岁，总是一副笑眯眯的样子。这位老师和冯积岐交谈过，也许觉得眼前这个腼腆、内向、稍显木讷的年轻人读书多，知礼数。接触久了，老师很喜欢这个看似文弱的年轻人，于是给冯积岐开了一个处方，冯积岐按照处方抓药服用了一周后，疼痛减轻了。老师问过冯积岐家中的状况，冯积岐都如实回答，老师便把自己的几本中医药的书借给冯积岐，鼓励他学中医。冯积岐学医就是从那时候开始的，什么《金匮要略》《伤寒论》《本草纲目》，他都一一细读，知道了阴阳五行，也知道了怎么把脉——虚实寒热、浮沉迟数，基本的药理知识，他很快就掌握了。没多久，生产队成立医疗站，他一心想当医生，便信心十足地去报名。支部书记说，地主的娃不能当赤脚医生，冯积岐的人生理想又一次被浇灭了。那时候，如果谁要私自去给人看病，便要以“自由行医”的罪名被批斗，他学了一肚子医学知识，却无用武之地，想为村里人服务的愿望也无法实现。然而，使他宽慰的是，在病中的日子里，他遇到了一位热心帮助他的好人，一位好老师。

2

冯积岐的胸腹不再疼痛了。可是，从春到夏，身体还是极其衰弱，即使在溽热的暑夏，他还要穿上夹衣，像一个娇弱的毫无免疫力的人一般，吹一阵凉风就会感冒。而且，他还得上了一种难以启齿的病。

2001 年，冯积岐写过一篇叫作《树桩》的短篇小说。这篇小说在《芳草》杂志上发表以后，曾被其他报刊转载，而且获得过一个文学奖。小说的第一句话就是："他是在十六岁那年开始梦遗的。"中医学书上说，精满自溢。对于处在青春期的男孩子来说，梦遗是很正常的生理现象。可是，病中的冯积岐有梦而遗，无梦也遗，这就成了不可小觑的疾病。在小说中，冯积岐之所以从一个少年的梦遗切入，在他看来，对于小说中的少年来说，梦遗不仅是一个生理现象，更体现成长过程中重要的一个环节，那就是"内伤"，它带给一名少年心理上隐秘而难言的变化。

《树桩》的故事是冯积岐虚构的。故事中的年轻人暗恋一位少妇，因情而动，情急生梦。《树桩》讲述了一个少年在成长过程中的困惑、焦灼、不安，以及美的东西缺失后对少年心理的影响。树桩本身是一个象征和隐喻，它的基调是忧伤的。现实中的冯积岐曾经承受繁重的体力劳动，使正在成长的身体受到严重的损伤，以致心肾皆亏而滑精。疾病将他折磨了好长一段时间，致使身体极其衰弱。为此，他无法诉说，一种羞耻感甚或罪恶感缠绕着他。冯积岐根据自己学到的医学知识，给自己开药方。他喝中药见效后，便根据药方，配制成中药丸，每天服用。

冯积岐在短篇小说《死去了也好看》中所写的那名年轻人给一个自杀了的女人摸脉的故事，也来自他的亲身经历。那时候，他因病便埋头学医，一有机会，就学着给人去把脉。他记得，那是在一个初夏时节，小麦即将开镰收割的日子。一天傍晚，躺在炕上的冯积岐听见院子里一阵凌乱不堪的脚步声，祖母和母亲还有婶婶，不知在叽叽咕咕地说着什么。他下了炕走出房间的时候，祖母和母亲、婶婶刚刚走出院门，他便跟着走了出去，对门月儿家的房间里围着好多人。当时他并不知道，月儿的娘是上吊后被人解救下来的。他抓起月儿娘的手腕就按，竟然没有一丝脉搏，他抬眼看到，这个气绝身亡的女人依然像活着时那么好看，脸上平静光滑，冯积岐的心咯噔了一下。几十年后，他构思了《死去也好看》，记述的同样是一份少年时期的记忆，同样写一位美丽的花儿一样的农村少妇从凋零到自杀的过程。《死去也好看》中的女人是脆弱的，但小说写得很凄婉、很忧伤也很硬朗。

到了秋天，冯积岐的身体终于有了些好转。

仲秋的一天，冯积岐在炕上躺着，破旧的门帘被轻轻地撩起来，闪进来了他儿时的玩伴——住在他家对门的那个女孩儿。女孩儿进了他和祖母住的土厦房，坐在炕边上，从衣服口袋里掏出来一个小手帕，小手帕一层层地掀开，里面包着几个嫣红的无花果，比杏子大一点，味道甜而带酸，她将无花果轻轻地放在冯积岐枕头边的炕席上。冯积岐知道，女孩儿家的后院有两棵无花果树，很小的时候，他和女孩儿经常上树去摘无花果。眼前这个女孩儿就是在他七八岁的时候和他趴在一起玩游戏的那个玩伴。现在，两个人都十五六岁了，曾经两小无猜的他们反而有了些生疏，女孩儿有点儿害羞，她只说了一句话："我摘的，你吃些，能淡口。"冯积岐欲起身招呼他的朋友，女孩儿用一只手按住他，示意他躺着，不用起来。女孩儿坐在了紧挨着炕边的小木凳子上，只是静静地深情地看着他，一句话也没有说。他觉得，女孩儿脸上泛起平日里他未曾见过的一层淡淡的红晕。她看了他一会儿，还是没有说一句话。过了一会儿，祖母进了房间，女孩儿打过招呼，转身对冯积岐说："我走了，你不要下来，好好休息。"在转过身的一瞬间，女孩儿又回头看了他一眼，撩起门帘，跨出了房门。冯积岐心里突然生出一种说不出的感动，夹杂一种淡淡的青涩的忧伤。

第二天，冯积岐不愿再躺着了。他去院子里走动，去街道上走动。他想，他或许会在街道上碰见女孩儿的，可是，没有。冯积岐没有失落，他希望着他的人生能有一场浪漫而美丽的邂逅。

两年以后，女孩儿嫁了人，冯积岐很少再见到她。

许多年过去了，冯积岐回想起女孩儿送他无花果的事情，他觉得，或许女孩儿这种寡言少语的表示，就是一个少女纯洁的恋情。冯积岐极其敏感地捕捉到了女孩儿那种含蓄的情感初露，感受到了一缕来自异性的暖意，他的身体很快就恢复了，也许有一种叫作情感的力量在起作用吧。开始写作以后，他有机会揣测他的少年朋友，揣测一个妙龄少女单纯的情感。女孩儿将她十分纯粹的情感用极其含蓄的方式向冯积岐进行了表白，有几颗红嫣嫣的无花果为证。女孩儿也许天生都具有极为细腻的感情，她的喜欢不会公开表示，不会像《红楼梦》中的林黛玉，更不会像史湘云、晴雯那样的。当时的冯积岐是不敢去想“爱情”这两个字的。因为他的身份，还因为他和女孩儿是同姓同族，他们之间是不敢也不能有什么非分的想法或者行为的，他强烈地感觉到女孩儿亮晶晶的眸子里面饱含的那种暖洋洋的感情，但是，他不能有所表示，即使是纯粹的少男少女之情，他也只能深藏在心底。

到了第二年初春，冯积岐的身体彻底得以恢复。他心里清楚，他的病是因为劳累过度造成的，稚嫩的肩头过早地承受了超负荷的体力劳动。当有诗意的劳动成为一种惩罚之后，劳动本身就是对人的摧残，而不是所谓的“劳动创造世界”“劳动使人忘忧”“劳动是世界上一切欢乐和一切美好事情的源泉”等等之类的口号。

身体恢复之后不久，冯积岐又被派到曹家沟水库去劳动，每天的活儿就是拉土填坝。在水库工地上劳动的年轻人居多，冯积岐认识了其中的两个女孩儿，一个家在陵头大队老庄生产队，一个家在祝家巷大队樊村沟生产队。和他一样，两个女孩儿家里都是地主成分，年龄都比他略小一些。一个皮肤白净细腻，个子不高，圆脸盘，一双水灵灵的眼睛大而有神，有些丰满，脸上总是挂着快乐。另一个女孩儿很苗条，丹凤眼，瓜子脸，总是一副羞涩的样子。冯积岐和两个女孩儿被分到一个组里劳动。劳动的间隙，他们经常一起说话聊天，很惬意。在那一段时间里，冯积岐心情舒畅，他喜欢那两个女孩儿，可是，腼腆内向的他，张不开口，无法向两个女孩儿表达自己的感情，只是偶尔用眼神、用肢体语言交流着一种纯洁的友情。他确信，如果他向两个女孩儿中任何一个求婚，她们都不会当面拒绝他。因为他从她们的眼神中，也读到了和他一样的感觉，但他又不能直接大胆地向女孩儿提出交往的要求。那时候的青年男女嫁娶都要媒人从中牵线搭桥。在陵头村，还没有哪一对男女青年通过自己谈恋爱而成婚的。为了稳妥或慎重一些，他自己找到村里一位媒人，先向老庄村的那个女孩儿提亲。冯积岐没想到，女孩儿的父母竟一口回绝了媒人，原因是他们的女子不能嫁给地主的娃。何况，他们的女子是准备过两年给哥哥换媳妇(换亲)的。冯积岐很丧气，他当然不能强求，父母之命在先，媒妁之言在后。但他还是不甘心，又去央求媒人去找樊村沟那个女孩子的父母再去提亲。令他万万没想到的是，得到的是同样的结果，他又被拒绝了，女孩子的父母态度很明朗。他们说，自己的女子一定要嫁给贫下中农，一定要跳出地主家的火坑。冯积岐再次遭到拒绝，他很无奈也很无助，第一次感受到婚姻和爱情是两回事。对他来说，喜欢一个女孩儿是一回事，能娶到又是另外一回事。他觉得自己是水中探月，镜中摘花，简直荒唐透顶。经过一番挫败，他一下子成熟了，也明白了一个道理。那就是，以他的出身，即使他不喜欢而喜欢他的女孩子，也未必能嫁给他。提亲失败，冯积岐不再去水库劳动了。他偶尔还会碰见那两个女孩儿，觉得很尴尬，不知怎么去面对。

随着时光的流逝，年龄悄悄地增长，父母亲为冯积岐的婚事犯愁。他们的着急写在脸上，好心的邻居也为他操心。在陵头村，在北郭公社，因为找不到媳妇打光棍的人很多。陵头村一个地主家的娃因为找不到媳妇受了刺激，神经出了问题，整天在街道转悠，最后失踪了。多年以后，也没找到尸骨。这一现象关系到成年人性心理的成熟问题。因此，哪怕去甘肃、去四川领回来一个媳妇也行。或找一个离过婚或死了丈夫的女人，即使身体残疾或是病身子，都无所谓了，只要是个女人。冯积岐还算幸运，总有人不断提亲。他们邻居家的姨很喜欢冯积岐，认为他的长相和人品都没有什么可挑剔的，也许主要是与冯积岐父母亲关系要好的缘故，邻居姨认为他们一家都是好人，家教好，孩子自然不会差。于是，那位姨张罗着给冯积岐介绍了三里外的邻村——北杨村的一个女孩儿。那个女孩儿，冯积岐并不陌生。他在陵头大队文艺宣传队的时候，女孩儿在北杨村大队文艺宣传队。春节的时候，两个宣传队经常在一起演出，女孩儿很漂亮，一双黑黑的大眼睛，很精灵很可爱。对于这门亲事，冯积岐很满意，他暗自高兴，他知道女孩儿家里的成分，认为这门亲事还算门当户对，心里怀有几分把握。

一天，那位姨叫冯积岐过去她家，当面告诉他："我给小曹说好了，你俩先见个面吧。"冯积岐自然很高兴。当天晚上，他去老庄生产队向那里的知识青年借了件黑色的条绒夹克、一条料子裤、一双尼龙袜子。准备好了见面的行头，他喜滋滋地等待着与女孩儿见面。

第二天一早，准备好行装正要出门的冯积岐又被邻居姨叫过去。她叹了口气说："娃呀，事情瞎了，小曹给父母亲说了这桩婚事，可她父母亲坚决不同意，嫌咱家成分大。"冯积岐顿时又被一盆凉水泼冷了心，僵在那里，半晌说不出话来。那位姨安慰冯积岐："天下的好女孩儿多得是。你甭着急，姨再托人给你找。”冯积岐从邻居姨家出来，一路小跑着去了老庄生产队，给知识青年还了衣服。他发誓，从此再也不提婚姻之事了。

他又病了。这一次，他的病不在身体上而在心里，心里的病痛比肉体的病痛更难医治。

1971 年冬天，冯积岐被派往十几里外的孔头沟修水库，一起去的还有同村的几名知识青年。冯积岐从一个女知青的眼神和举动中看出，那个女知青喜欢上了自己。可是，他只能远远地躲开那个女知青，不敢有任何回应和表示。不是他懦弱，不懂爱情。他很清楚，在那个时候，像他那样成分的人和女知青谈恋爱，将会被冠以“破坏知识青年上山下乡”的罪名，重者会被枪毙，轻者或坐牢。这样的事例不少，他知道，那是冒着生命危险去谈的恋爱，是要付出惨痛的代价的。本当花样的爱情季节里，他一次又一次地错失机会，或者说，根本没有机会垂青于他。他觉得，在他的人生字典里，将永远没有爱情这个词汇了。

父亲和外祖父继续给冯积岐张罗着婚事，要他去“看”媳妇。他不去，也不想结婚了。他知道，一旦结婚，就会有儿女，他自己已经是“狗崽子”了，他不想让他的儿子、孙子再做“狗崽子”，感受世间种种不公，遭受般般疾苦。因此，不结婚，不一代代繁殖狗崽子，也就不“造罪”了，打光棍是他的最佳选择。冯积岐对他的未来不抱任何希望，他过早地尝到了被凌辱与欺负的滋味，他沮丧、愤懑，又畏怯、脆弱。他曾抱怨母亲，为什么把他生在这样的一个家庭！在他眼里，过多地充斥了灰黑的色调，他的心里会生出什么样的情愫呢？除了忧伤，还是忧伤。

冯积岐的外祖父是个职业媒人。他终于给外孙找到了各个方面都合适的女孩儿。他跟着外祖父去邻村和那个女孩儿见面，走到半路，他突然改变主意，转身往回走。当时，他脑海里冒出一个念头：不要媳妇，今生今世不娶。他给外祖父说，他不想去了，外祖父大惑不解，不知道外孙到底怎么了。外祖父回到女儿家里，给冯积岐的母亲发了一通脾气，责怪女儿宠着儿子，没管教好，不听话。在他看来，给外孙说一门亲事那么地艰难，他费尽周折，凭自己三寸不烂之舌说通了女孩儿的父母答应见面，外孙却半道折返，说什么也不愿去见人家。外祖父不知道，小小年纪的孙子想的是，结婚将会给嫁他的女孩儿带去灾难，对于他来说，打光棍，可能是他人生的最佳选择。

几年后，他结婚了。他的妻子知道了他三次提亲不成的事后很是感慨，打趣他说："你那么喜欢人家女孩儿，人家还是没跟你嘛!"冯积岐经过了那一段尴尬的岁月，他变得豁达了，也理解了生活原本就是那样，他笑着回答妻子："那是她们没有那个福气。"

2001年，冯积岐在《鸭绿江》杂志第四期上发表了一篇名为《黄芩》的短篇小说，写的是一个爱情故事。小说发表后，读者的来信很多，好评如潮。一天，省作协主席陈忠实碰巧与冯积岐一起走进省作协办公大楼，两个人上了楼梯，并排走着的陈忠实突然转向冯积岐说："你的《黄芩》我读过了，写得不错，很真实啊!"陈忠实随后哈哈一笑："没想到，你年轻时还那么浪漫的。"冯积岐急忙解释："小说完全是虚构的。我那时是狗崽子，哪里还敢和一个女孩儿去浪漫。"陈忠实的话里不无调侃之意。陈忠实之所以认为冯积岐所写的爱情故事是真事，是对他作为一个小说作家的褒扬。冯积岐本身拥有丰富的生活，但作为一名作家，他确实具有很强的虚构和想象能力，把散乱的生活写得跟真的一样。《黄芩》讲述的是"我"——一个十七岁的青年，被生产队长派到一个叫桃花山的地方看山庄。在山庄里，"我"和邻居一个叫黄芩的十五岁的女孩儿相爱了，曾有过一夜之情，最终却无果而终。多年以后，黄芩的人生十分凄惨。小说充满着对命运多舛、人生沧桑的无奈之感。冯积岐对浪漫的忠诚的爱情给予了高度赞赏，他向往得到《黄芩》故事中那样的爱情。

冯积岐的好多小说里都写到了爱情：《沉默的季节》里周雨言和秋月的爱情；《村子》里祝永达和马秀萍的爱情；《逃离》中牛天星和南兰的爱情；《两个冬天，两个女人》中达诺和王萍、刘婷的爱情。在这些小说中，冯积岐表达了一个观点：有爱就有一切。他用"情感"两个字度量婚姻和爱情。在他看来，在道德的天平上，唯有情感才是最有分量的砝码。他在一次谈话中表示：他崇尚的是古典式的爱情，忠贞不二的柏拉图式的爱情。从他的小说中可以看出，他是一个爱情理想主义者，理想中的爱情是纯洁的、纯粹的、神圣的，不掺杂一点儿杂质。对于那些情感放纵或滥施感情的男性或女性，他用手中的笔给予了无情的斥责。他很赞同威廉·福克纳的观点，威廉·福克纳把女人大致概括为圣母型和妓女型两个类型。福克纳的小说《圣殿》中的谭波儿就是那种放荡的女人。对这种女人，冯积岐极其憎恶。他的所有小说中，但凡很放纵的女人或男人最终都没有好的结果，虽显得偏执一些，但是代表了他的一种审美和价值取向。

对于爱和性，冯积岐的心理表现很矛盾。有时候，他强调爱和性的统一，认为两者是一回事。有时候，他又表明，那不是一回事，有性未必有爱。在他的长篇小说《沉默的季节》里，当主人公周雨言得知他所爱的女孩儿秋月和其他男人上床之后，他十分痛苦，对秋月恨之切切；但是，当周雨言的祖母去世之后，为了得到一块坟地，宁巧仙以和周雨言发生关系为筹码而逼迫周雨言，周雨言无奈之下，在破败的砖窑里和宁巧仙发生了关系，周雨言的真爱并非宁巧仙。

十六七岁的冯积岐在病痛中得到一个女孩儿既含蓄又纯洁的爱，这种“病痛”与“爱”延续至今，而且弥漫在他小说的每个角落。对于女性，他理想中的标尺就是在他病痛中送他无花果的女孩儿的形象：美丽、沉静、含蓄又情感饱满。一方面，冯积岐赞赏敢于反叛的女性。比如，《两个冬天，两个女人》中的刘婷，《逃离》中的南兰。一方面，他又讨厌、憎恶那些放纵的女人，他苛求女人对男人守身如玉。比如，《突然心慌》《各怀心事》《苗珍的故事》等小说中，他对那些以身体为资本换取金钱、名誉或利益的女人进行了无情的鞭挞和嘲讽，给那些女人安排了悲剧的人生。对于他的小说，如贾平凹所评价的：他是用很洋的技法表现很土的东西，有现代主义的姿态。可是，他的观念依旧很传统，用男性的视角去度衡女性世界，未免有些偏执。冯积岐个人的爱情故事和他小说中的爱情故事，都不同程度地传达了他复杂而微妙甚至矛盾的爱情观。

2001 年，冯积岐在《滇池》杂志第五期发表了一篇叫作《秀发缠身》的小说。这个短篇小说讲述了一个年轻人从平原到秦岭深处的太白县修公路时和当地一个女孩儿之间发生过的爱情故事。这个故事就取材于冯积岐的一段个人经历。那是 1970 年，冯积岐被生产队派往太白县修战备公路。当时，他们村的民工就住在太白县城的东关队。住宿的地方是饲养室的竹笆子楼上，楼下是生产队喂养的十多头牛，饲养员是一个三十多岁的小伙子。在一起住了几个月后，冯积岐和那个饲养员很快就混熟了。他得知，饲养员是渭河北塬上的扶风县人，家里是地主成分，来到山里招赘上门，当了上门女婿。那个饲养员的媳妇冯积岐见过几次，很漂亮，也很端庄。也许是同病相怜，饲养员撺掇冯积岐把自己“嫁”到山里来。他说：“你家成分高，兄弟两个，就几间破厦房，恐怕是很难找个媳妇的，你若愿意到山里来上门，我给你介绍一个，肯定让你满意，这里的地方水色好，姑娘一个个都好看。”冯积岐听了没有在意，那人说过多次以后，冯积岐感觉到对方一片好心，也不好断然推脱。只好说："等我收麦时回家和我爹我娘商量一下。"饲养员说："也行，不过，你自己要有主意才行，过了这个村，就没那个店了。"又过了十多天，一个收工后的傍晚，冯积岐吃完饭上了楼，饲养员在楼下喊他下来。下了楼，冯积岐看见饲养员领来了一个女孩儿，饲养员先给冯积岐介绍了女孩儿，然后说："你们俩见个面，如果愿意，咱们就说，不愿意，也没有啥，就当认识个朋友。"饲养员事先并没有打招呼，给了冯积岐一个措手不及。面对女孩儿，他竟然一句话也说不出。看着冯积岐尴尬的样子，饲养员很知趣地退出了饲养室，他要给两个年轻人一个自由宽松的独处空间。可是，当两个年轻人面对彼此的时候，却都无话可说，干坐了一会儿。女孩儿中等个子，一对麻花辫子长及腰际，脸色红润，眼睛又大又亮。女孩儿开了口，问冯积岐家是哪里的、多大年龄等等，冯积岐像个小学生历经老师提问般一一回答了女孩儿，或许比面对老师提问还紧张、局促。两个陌生的年轻人就那样很僵硬地待了一会儿，彼此看了对方几眼后，再也无话便离开了。第二天，饲养员告诉冯积岐："女孩儿对你很满意，就看你的态度了。"冯积岐说，他要想想再做决定。他想了一个晚上，最终决定，他不能离开祖母和父母亲，不能离开滋生梦想和希望、也给了他无尽伤痛的故乡，不能把自己就那样"嫁"出去。他的态度很坚决。固然，那个女孩儿很可爱也很漂亮，可是，如果要他入赘，他便不能接受女孩儿的感情。爱情和婚姻不是一回事，这一观点是他早年从自己失败的几次提亲事件中总结出来的。后来，冯积岐在他的许多小说里对爱情进行了大胆而淋漓尽致的描写，他内心对爱情的美好憧憬从来都没有泯灭过。生活在不知不觉中悄悄地带给他创作的灵感，让他的生命呈现出幽微的色彩和激情。

第八章　农民父亲和母亲

1

2008年，冯积岐在陵头村村委会当干部的弟弟不经意间从村委会丢弃在后院的一堆废旧柜子里捡到了父亲的档案。那是父亲1958年回家当农民后由岐山县委组织部转给陵头村党支部的。存放了半个多世纪的档案完好无损，二十多页马粪纸发黄粗糙。档案的封面上是四个黑色仿宋体大字——干部档案，下方印着：中共中央组织部监制。档案中记载，父亲是1949年12月离开陵头村去宝鸡市参加了干部培训班，三个月以后回到岐山县政府当上的干部。那一年，父亲年仅十七岁。父亲一参加工作就投入到接连不断的“运动”中了。1953年，年仅二十一岁的父亲已经参加过一期、二期土地改革和“查田定产”“三反”运动及“镇压反革命”的运动。《干部档案》中，除过干部履历表，就是父亲的检查材料和其他人的检举材料。一张张发黄的马粪纸上，钢笔字迹至今清晰可辨：1953年征粮时，冯士玉贪污针线包1个；一期改革中贪污纸烟1包；1950年征粮时吃两个农民的纸烟，赔偿150斤小麦(当时的工资就是小麦)；在“查田定产”中贪污布鞋。档案中还有许多内容是父亲的检讨。尽管上级和父亲的同事对父亲的评价是积极能干、工作很有热情、很有能力，可是，父亲还是要写检讨的。因为，父亲永远无法和自己的出身划清界限。冯积岐没有想到的是，在上个世纪五十年代，父亲的档案中就有“划清界限”这个词语。档案里面的一张干部履历表中，清楚地记录了父亲被提拔为岐山县雍川区的副区长。可是，就在那张已经盖了印章的干部履历表上却划了一个大大的叉号，并赫然地注明“此表作废”。他推测，当时父亲已被提拔了，后来又被拿下来了，究其原因还是：没有和地主阶级家庭划清界限。从父亲的档案中，冯积岐读出了父亲的痛苦与无奈，一个二十岁左右的年轻人，被家庭出身折磨得不知所措，心灰意冷，痛苦不堪。在1958年的“干部上山下乡”运动中，父亲被组织人事部门的领导叫去谈话。他们给父亲说：“你暂时先回去，等党和人民需要时再叫你回来。”老实的父亲以为他回农村只是暂时的，就答应了。真实的情形是父亲被下放到农村，回到了陵头村当了农民。

冯积岐对父亲最初的印象始于五六岁或者更早一点儿。那时候，父亲已经回家做了农民，二十六七岁的父亲年轻英俊，一件灰色制服总是干净而服帖地粘在身上，制服上衣胸前的衣兜里很显亮地别着一支钢笔，衣兜旁边一并戴着一面铸有红旗的闪闪发亮的共青团团徽。从外在装扮可以看出，父亲显然和其他穿着梆梆棉袄的农民不一样，尤其是那一头十分浓密又乌黑发亮的头发和夸张的大分头特别引人注目。刚刚从县政府回到陵头村，不久又在生产大队当了会计的父亲，还没有体验到做农民的艰辛，还没有懊恼，没有颓丧，更没有绝望。他以为做农民会比当干部自由得多，以为做农民实践一段时间还可以再回到县政府当干部去，因为回村上时，他的领导就是那样跟他说的。他满心希望能够回到农村大干一番事业，不是说农村是“广阔天地大有可为”吗？可是不谙世事的父亲想错了。1964年，新年的年气还没从农民们的心头消散的正月里，父亲被撤销了大队会计的职务，父亲的希望顷刻之间如一座金碧辉煌的大厦般轰然倒塌，人生顷刻间失去目标，生活随之变得黯淡无光，他一下子坠入了精神的泥潭。没有了希望的父亲，可想而知，他在以后的日子里将会过得何等艰辛！屋漏偏逢连阴雨，紧接着，灾难一个个接踵而至，以至于父亲在后来的贫病交加中，草草地结束了自己匆促的一生。

祖母曾给冯积岐讲述过关于他父亲的身世：父亲是祖父从邻村抱养回来的孩子，不是祖父的亲生儿子。祖父虽然积累了丰厚的家业，却因祖母一连生育三个女儿，没有子嗣继承家业，最终在家人的劝告下，也是在情急之下，去除了犹豫不决的想法，直接抱养了一个儿子，那个抱养的儿子就是冯积岐的父亲。祖父依他传统的思维考虑，自己辛苦一生却落了个后继无人的下场，当时的心情自然是凄然的。可喜的是，抱回来一个儿子后，祖母又生了一个儿子，但祖父对父亲的感情始终是淡漠的。父亲在世的时候，曾经在冯积岐面前透露过：他长到了十多岁，还穿着半截子鞋——鞋底磨穿了，鞋帮是烂的。可是，父亲从来没有指责过祖父什么。也许，父亲从内心还是很感激、很看重祖父对他的养育之恩。在他眼里，养育之恩大于生育之情。

祖母曾说过，父亲十三岁那年得了伤寒，高烧三十多天不退，祖父请中医给父亲开了中药医治。祖父虽然过日子很抠、很会算计，但给父亲看病还是花了不少钱，他曾请中医给父亲治疗过很长一段时间，最终却毫无起色，父亲依然高烧不止，身体非常衰弱，命悬一线。祖父也很煎熬，经常长吁短叹。一段时间以后父亲还是不见好转，祖父看着饱受痛楚的儿子，他觉得，儿子肯定是没治了，因为他已经想尽了办法，却看不到儿子哪怕有一丝丝好起来的端倪。于是，祖父叫来家里的长工，把父亲背到偏院放麦糠的窑洞里。祖父不愿意父亲病死在家里，担心招来晦气，他把父亲丢弃在外面，打算等父亲死后，不惊动街坊四邻就在外面草草埋了。两天后，长工去那孔小小的窑洞里往出背麦糠，于心不忍，他偷偷去看父亲，却发觉父亲气息尚存，父亲竟然没有死！于是，长工又把父亲背回了家。祖母说，她当时啥也不想了，既然生死有命，就看父亲的造化了，她每天给父亲灌麦面糊糊喝。休养了好些日子以后，父亲的高烧竟然消退了，身体一天天地恢复，父亲奇迹般地活了过来，父亲真的是从死神手中拣回来了一条命！

父亲命运多舛，但最终活了下来，冯积岐宿命地认为，那是一种天意，是上天的怜悯。

父亲在世的时候没有在冯积岐面前说过这件事。也许，他觉得自己是抱养的，而叔父是祖父亲生的，这些话传到叔父耳中，两人未免会有嫌隙。父亲从没抱怨过祖父，即使父亲在病中曾被放弃，父亲也很理解。那时候，因病无处就医而早早夭亡的人多的是。

关于祖父，冯积岐断断续续地从祖母口中听到一些生活的细节。祖母说，祖父干活儿蛮狠，做人做事厉害，缺少人情味儿。干活蛮狠，这一点，陵头村人人皆知。祖父在割麦的日子里，从清早起来到半下午连干七八个小时，不停不歇，不吃不喝，一天下来要割二亩多麦子。他力气大得能把石磙子扛起来。祖母曾说，祖父对父亲很苛刻，不然，父亲不会跑出去的。因为祖父做事太厉害，太绝情，父亲很少得到过父爱，祖母对父亲的爱也极其有限。因为，祖母也不是祖父的原配，她有自己的不幸和烦恼，对祖父原配子女无法投注太多的情感，更别说父亲于这个家还是一个没有任何血缘关系的人。在那样一个大家庭里，当时还是孩子的父亲没有与他血肉相连的亲人。

冯积岐人到中年的时候，偶尔从父亲口中证实了祖母说过的关于父亲身世的真实性。他一直以为，父亲和叔父是俩亲兄弟。

父亲的脾气十分暴躁，动不动就打母亲。在冯积岐的记忆里，父亲曾抓住母亲的发髻从木面楼房里往外拽，在院子里用拳头狠劲地捶打母亲，母亲只是哭泣，不还手，也不叫骂。母亲的反抗只有那么虚弱而无助的一句话："你打，你打吧，你把我打死算了。"那时候，冯积岐还很小，他不知自己该怎么办。但当时的情景，他看在眼里，刻在心里。冯积岐至今没有忘记母亲那泪水涟涟的可怜模样：头发散乱着，脸色苍白，显得那么的孱弱无助、可怜而痛苦。中年以后的父亲，脾气似乎好了一些，他不再动手打母亲了，当遇到不顺心的事的时候，他只用粗话恶毒地谩骂甚至诅咒母亲。冯积岐在他的小说《我的农民父亲和母亲》中，第一句话就写道："母亲说，一出县城，父亲就开始骂她。父亲毕竟是个通文墨的人，他很少使用农村人常用的粗野之词，他骂得很讽刺。母亲承受着父亲的骂。她的承受使我一想起来就有些吃惊。"在这篇小说中，冯积岐将父亲对母亲的不尊重、甚至动粗毫不留情地写了出来。冯积岐的原意不是在"审父"，他对小说中的那个父亲抱有深深的敬意和同情。父亲之所以行为粗暴，和他的出身、经历及性格有关。父亲原本是个十分善良的农民。按照冯积岐的说法，父亲和母亲的感情很深很深，他们从来没有分过心。父亲在精神上的苦难使他的生活基调完全变成了灰色，他没有过快乐的时候，他的一生承载了无尽的烦恼。

但是，冯积岐依然不能忘记父亲对母亲深深的伤害。

冯积岐已经年近二十岁了。有一年夏天，一家人在打麦场上碾打自留地里的麦子，麦子碾出来，扬过，再往口袋里一袋袋地装。突然，雷声大作，眼看雷雨顷刻间就要下了，正急急地装麦子的父亲突然发现，粮食口袋上竟然没有扎口儿的绳子。父亲觉得，这是母亲的过错，他气愤不已，当着儿女们的面用脏话谩骂母亲，并大声喝喊着叫母亲解下裤带扎口袋。打麦场上的叔伯们听着，哄然大笑。冯积岐羞得无处可钻，而母亲却一声不吭，也不强辩一句，听凭丈夫在稠人广众之中辱骂并糟践自己。

操持一家人生活的还是任劳任怨的母亲，吃、穿、用度都是母亲一个人在操心。作为一家之主的父亲，把生活中大大小小的事推给了母亲，母亲弱小的肩头不得不支撑起这样一个风雨飘摇的家。母亲，是这个世界上最伟大的母亲！

父亲一生纠缠在自己的苦难之中，他的人生经历的所有事情都很不顺畅，他对儿女们的情感也相对淡漠。父亲一辈子生活在缺少温情的家庭里，并不是因为父亲不是祖父亲生，祖父才不去疼爱他。祖父是个大木匠，一个财东，终生只知道劳作，积累财富，好像积累的每一笔财富才是他的可亲可爱的儿女，才是他的感情寄托。或者，也许祖父本身就缺少一根爱的肋骨。祖母在祖父那里也没有得到应有的温情，她根本连自己也无法怜惜，自然更没有心情去怜惜一个并非己出的儿子了。父亲，是天底下最可怜的父亲！

冯积岐十二岁那年冬天，和村里几个年纪相仿的少年伙伴进山去割柴。冯积岐从八九岁开始就经常进山割柴，或者背上一个和自己几乎一样高的大背篓去山坡上捡拾冻成块的牛粪回家烧炕。平时，他们只在浅山处割柴，那一次，在一个年龄稍大的伙伴的带领下，几个少年走进了十几里外的深山里。去的时候，星星满天，启明星还在眨眼，而回来的时候已是鸡鸣两遍了。他们割好柴，捆好柴担子的时候才发觉，去时带的馍馍被老鸹叼走了。几乎一整天，他们几个都没有吃东西了。他们勒紧裤带，担上柴担子从三四里长的山坡上向下一步步地挪，从那一面山坡挪下来时已是夜幕降临，夜色漆黑如炭，山路弯弯曲曲，肩上的柴担子越担越沉。冯积岐本来单薄瘦弱，他饿得两腿打战，浑身没有一点力气，饥饿和疲累如同两条鞭子在无情地抽打着他。他们放下柴担子，躺在山坡上，相互看着，谁也不想起来。从坡顶到家里，至少还有十里的山路，他们相互鼓励，走几步，在山坡上躺一会儿，一里半里地向山下挪动。走到半路上，伙伴们的父亲呐喊着上了坡，他们是来接应儿子的，唯独不见冯积岐的父亲上山接过他稚嫩的肩头沉重的柴火担子，好在冯积岐的叔父来接堂弟，他把冯积岐和堂弟的柴捆在一起，担下了山。好多年后，冯积岐想起这件事，心里总是不舒展，觉得父亲心太硬，心里根本没有他。其他孩子的父亲都在操心着儿子，他的父亲从不担心儿子，儿子一天没回来，他也不过问。

父亲就是这样的一个人，他沉浸在自己的苦难中，自我痛惜，忘记了身边还有妻子儿女需要去怜去爱，忘记了儿女需要父亲这棵大树的荫庇。

父亲自从 1964 年被撤掉会计以后，在生产队里常常受人欺负。村里的一个年轻人，一个晚辈，竟然当着父亲的面辱骂父亲，可以想象，生产队长时不时的欺凌和侮辱自然少不了。

也许，由于年少时身体受了作践，父亲的身体一直不太好，生产队长派的那些重活儿，父亲常常是吃不消。尤其是在冬天，患有严重的哮喘病、心脏病的父亲在干活时的喘气声像拉风箱一样，几十步以外都能听见。每当冯积岐看见父亲拉着架子车弯腰曲背的样子，听见父亲那牛一样的喘气声，他心里就很痛。但是，在那样的岁月里，谁也不能代替谁。在冯积岐眼里，父亲比任何一个人活得更艰难，更无奈，更痛楚。

父亲临去世的前些年，贫病交加，身体和精神备受煎熬。1971 年，冯积岐和父亲一同去孔头沟修水库。当时，父亲罹患痔疮，他没有钱去医院。在疼痛难忍的情况下，他就在水库工棚中找来工地上的卫生员给自己做手术。他是知道那些卫生员根本没有行医资质的，可他只能那样去做。冯积岐去工棚里照顾父亲，父亲虽然强忍着疼痛，但还是不断地痛苦地呻吟着，他流了很多的血。冯积岐晕血，见此情景呕吐不止。几天后，父亲的伤口感染，不能动弹，不能在水库工地上继续干活了，冯积岐只得用架子车将父亲从三十里外的工地上拉回了家。所幸，父亲没有得败血症，算是熬了过来。1995 年，母亲去世后，父亲又病重了，冯积岐要陪父亲去医院，父亲说什么也不愿住院，他替儿子着想，不愿花儿女们一分钱。父亲知道，冯积岐正式被陕西省作家协会录用才一年，也就是说，才领了一年公家的工资，没有什么积蓄。冯积岐只好在村卫生所给父亲立了个账户，他叮嘱父亲，一旦不舒服或发病就去村卫生所就医。每次，冯积岐从西安回家后的第一件事，就是赶去村卫生所给父亲结账。

1996 年，父亲走了。冯积岐看着搁置在窗台上的父亲那杆只有一拃长、没有烟锅嘴子的烟锅，放声大哭。父亲的一生，太悲凉了。父亲的后半生，连一盒纸烟也抽不起，就只抽老旱烟。每次去县城，也只能买一半斤旱烟叶子，而父亲的那些曾在政府部门工作过的同事们事业顺畅，晚年大多都生活安适而高寿，父亲却仅仅只活了六十四岁。冯积岐明白，父亲临走时，心中的褶皱没有抚平，父亲是怀着一腔无奈、一生失意悲哀地离开人世的。

父亲去世后，冯积岐一遍又一遍地翻阅父亲的档案，那些落在马粪纸上的文字像钉子一样钉在了冯积岐的心中，像血一样流进了冯积岐的血管。阅读父亲的档案，就是在阅读父亲的人生。父亲的心情和他一样忧郁，父亲的人生和他一样艰难，父亲的苦难比他更为深重。父亲以为，走出家庭，参加革命，就可以享受到“革命的大家庭”里和煦的阳光。没承想，在“革命的大家庭”里，他受到的歧视、欺侮不比冯积岐少，生存的艰难一点点地摧毁着他的热情，不公正的对待刺激着他敏感的神经。自尊、好强的父亲深深地影响着冯积岐的为人处世。

冯积岐对于母亲的记忆，始于1958年。

在冯积岐的印象里，母亲急匆匆的脚步和那张年轻的略显苍白的圆脸是他无法忘记的。一个傍晚时分，母亲和婶婶从公社里回来了，母亲和婶婶因为向地里运肥料拔了“白旗”，是被罚去公社的院子里拔完草才回来的。后来，母亲告诉冯积岐，是有人故意整她和婶婶。她们每人推一辆独轮车给生产队的地里推粪。母亲说，她和婶婶没有少推一回，生产队长却说她们少推了几回，给了她们“白旗”（谁先进，给谁插一面红旗）。也就是说，她们被认定是落后分子，受到了惩罚。母亲清早起来就去公社院子里拔草，晌午饭没吃，一直到太阳快落山时才被放回来。二十四岁的母亲不仅受罚受累，她的自尊心无疑经受了无情的挫伤。

冯积岐记得，1960年以前，陵头村还没有通电，磨面要到三里外的祝家巷村的水磨上去磨。父亲从不管家里的事，磨面的事自然要由母亲操心。吃过晌午饭，冯积岐陪母亲去磨面。虽然背着粮食走路，但母亲依然不减急促的脚步，走得很快，冯积岐撵上去，拽住母亲的衣角，母子俩行走在窄小的乡村土路上。

到了水磨坊，母亲排队排到天黑才轮上磨面。那一渠水很小，从高处流下去冲击颜色发黑的一个木轮子，那木轮子如同疲倦的老牛慢慢腾腾地转动着，木轮子带动着石磨，石磨发出的响声迟缓而木讷。石磨上面吊着一盏煤油马灯，水磨房里昏黄而潮湿。冯积岐好奇地看着石磨不紧不慢不情愿似地转动着，母亲站在石磨跟前，用手在磨斗里拨动着麦子。

后来，冯积岐打起了瞌睡，母亲将冯积岐抱起来，放在罗面的面柜盖上，脱下了自己的旧布衫，给冯积岐盖在身上。

冯积岐在睡梦中被母亲叫醒。母亲把磨好的面和麸子都装好了。冯积岐拽着母亲的衣角走出了磨坊，母亲肩膀上扛着面口袋，手里提着装麸子的口袋。冯积岐跟着母亲跌跌撞撞地往回走。缺了一牙的月亮如同天灯一般悬在天穹。天蓝得好像被打磨了一遍，凉风拂面。静夜里，母子俩的脚步声格外清晰，如初冬的第一场雪。那情景，他至今记忆犹新。

祖母曾说过，母亲是外祖父和外祖母唯一的孩子，他们只生养了母亲这么一个女儿。外祖父年轻时有炸麻花的手艺，母亲六七岁的时候就站在油锅前用两根长长的筷子帮外祖父不停地搅着、翻着、夹着麻花。不论是冬天的寒风还是夏天的炙烤，小小年纪的她不是伸着冻肿的双手就是额上汗流不断。后来，冯积岐才明白，为什么母亲一闻见菜油味，胃就难受，就想呕吐。伴随着劳作成长的童年生活，母亲从小养成了坚韧与忍耐的品质。

1994 年腊月二十三日凌晨一点多，母亲从炕上爬起来，去村子的电磨子上磨面，想准备好给全家人过新年吃的面粉。腊月的天乌黑而冰冷。那一刻，全家人全村人甚至全中国人都在睡梦中。母亲说，当她摸黑走在村子外面的土桥上的时候，心里咯噔了一下。第二天，母亲就病倒了，她再也没有起来。正月初二，冯积岐把母亲送到了岐山县医院。尽管，他日夜守候在母亲的病床边，把母亲从医院的这座楼背到那座楼检查、诊治，最终也没有能挽救得了母亲的性命。母亲整整 24 天高烧不止，一口饭食也没有下咽。母亲的病在县医院最终也没弄清楚，就那样匆匆地离开了人世。母亲仅仅活了六十一岁。

母亲离世后，冯积岐放声大哭，他内疚、自责、心痛，一下子瘦了十多斤，他的生活状况刚有好转，母亲却走了。他没有时间、没有机会为母亲再尽孝道。

母亲去世前就给父亲缝好了老衣，她是背着父亲做的。因为，自卑又好强的父亲或许认为他还能活好多年，不让母亲给他早早缝制老衣。可母亲担心父亲的身体一直不好，说不定哪一天突然就走了，等到父亲过了六十岁生日，母亲就给父亲把老衣缝好了。可是，她却走在了父亲的前头。冯积岐弟妹六个，他们每个人的成长都灌注着母亲的心血。不论冬夏春秋，刮风下雨，一年 365 天，一家九口人的一日三餐都是母亲在做，儿女们的每一件粗布衣服也都是母亲一针一线缝制出来的。劳累且不说，母亲也背负着沉重的精神负担，她整天为没有粮吃、没有钱花而发愁，她整天为一家人的生计煎熬。

母亲的一生，没穿过一件像样的衣服，没吃过一顿像样的饭食，没过过一天安闲的日子。

无疑，冯积岐的血管里流淌着父母的血。他的性格和品质，离不开父母的影响。母亲的隐忍、坚强和善良、软弱影响着冯积岐，而父亲的聪慧、敏感、能干和急躁、暴烈也影响着冯积岐的成长和做人。今天的冯积岐，他的执着、善良、耿直是生活锤炼的结果，也秉承了父母的人格和品性。

2

1994年，冯积岐在《朔方》杂志上发表了短篇小说《我的农民父亲和母亲》。

冯积岐谈到，他写那篇小说的动因是：1990年11月中旬的一天，冯积岐从西安回到岐山。在岐山县城，他碰到了他的堂舅父，他问堂舅父来县城干啥？舅父说，他在粮站的院子里晒玉米，已经待了三四天了。当时已经立冬，说是晒玉米，其实，是晚上把玉米摊开在粮站的晒场上，等着冻干。他问舅父，晚上睡在哪里？舅父说，就睡在晒场上。看着舅父消瘦的面孔，冯积岐心里发颤：舅父都五十多岁的了，还要承受那样的煎熬，挨冻受累。他知道，舅父在三十里外的山庄里承包了几十亩地种玉米维持生活。舅父年轻时当过兵，跨过鸭绿江，打过仗，后来复原回家当了农民。舅父中年时当过村上的干部，到了老年，还不得歇息。一年年地种玉米，收玉米，碾打，晒干，再卖给粮站。冯积岐回到西安后，思忖着舅父过着的艰难日子。他从舅父的一生想到了父母亲的一生。父母亲一生为了儿女，为了家庭，从不抱怨，从不沮丧，从不哀叹，直到病倒累倒，直到生命的最后一刻咽下最后一口气，平凡、坚韧的父母亲一直是儿女的楷模和生活的希望，父母亲的离世是儿女们心中永远的伤痛，子欲养而亲不在。在《我的农民父亲和母亲》的结尾，冯积岐写道："父亲和母亲，他们艰难地活着，人生再艰难，生命之火是不会熄灭的。"父亲和母亲的生活本身就是坚实的证明。

《我的农民父亲和母亲》发表后，在读者中引起了强烈的反响。《小说月报》杂志转载了这篇小说。可以说，这篇小说倾注了冯积岐对农民父亲和母亲的全部感情。这篇饱蘸情感的作品，无论是思想性还是艺术性都是当时中国短篇小说中的佳作。小说之所以在读者中能够产生强烈的反响与共鸣，是因为，冯积岐对农民当时的生存状况做出了真诚、真实的展示，他笔下的农民父亲和母亲就是千千万万个农民父亲和母亲的缩影，他们善良、淳朴、勤劳、隐忍、不屈。尽管，他们日复一日、年复一年地在拼命劳作；尽管，他们为生存付出了自尊和尊严，依然走不出生活的困境。当我们读到，父亲为了卖掉一头猪而跪倒在晚辈面前一声声地叫老哥的时候；父亲卖粮食时，验等级的人把父亲送上的一条烟扔到墙角并羞辱父亲的时候；父亲为了给孙女治病在粮站被验粮食的人作践的时候，我们深深地感觉到作家的心在颤动。他为父亲们哭泣、不平、呼喊。作为母亲，她不仅承受着生活的重压，而且不得不承受父亲时不时的辱骂——父亲为了他的面子，无情地一次次地撕下母亲的面子。母亲比父亲活得更累更可怜。冯积岐不是在审视父亲，而是写出了父亲性格被扭曲的一面、父亲心理脆弱的一面。这篇小说，冯积岐用的是第一人称叙述，他叙述得极其客观冷静，把炽热的情感紧紧地捂住，使同情、愤懑像火一样在地下燃烧。他用最精到最贴切最生动的语言展示人物，使父亲、母亲的形象鲜活地跃然于纸上。在小说问世后，冯积岐和《小说月报》杂志都收到了不少读者来信。

河南省南阳商校的一位姓刘的读者在来信中说：

近日，有幸读到你的大作《我的农民父亲和母亲》，轻易不落泪的我几次潸然泪下，甚至不忍卒读。这是那些坐在书斋里看街头秋风、玩弄文字游戏的作家绝对写不出来的作品。能使我感动的原因，除了你的文笔老到、细腻外，我们共同的农民家庭、父母共同的遭遇使我们的眼泪流到了一处。我相信你在写这篇小说的时候，手中的笔、心和眼睛都在流泪。贫穷的中国农民为什么总生活在“九天之下”？当我读到，‘父亲为了救孙子跪下给人求情卖猪，母亲被罚了800斤玉米’等地方的时候，几次把在身边熟睡的爱人唤醒，流着眼泪读给她听。我要让在城市里长大的爱人知道，农民是中国最可怜最渺小却最善良最厚道最能忍受最易知道为他人而活着的人！我尚有一口气也要为农民鼓与呼，尽管这种抗争是那样地苍白无力！

云南省昆明市嵩明县第一号信箱子弟学校一位姓金的读者在来信中写道：

冯老师，您的小说是用心和泪写出来的。我一口气读完了，同时也落泪了。

您的小说，我是不能随便躺着看的，这至少在态度上在认识上是说不过去的。于是，我搬来了椅子，坐好了，又看了一遍。

《小说月报》第一期我是借别人的，不可以把它留下来反复读。我托人去昆明也没买到。没办法，我把您的这篇小说每天抄三千字，抄了下来。我觉得这样抄一遍，算是又精读了一遍。还可以保存下反复读。

湖北省英山县文化馆一位姓郑的朋友在来信中写道：

冯老师，读罢您的《我的农民父亲和母亲》，我的心在滴血，仿佛是我的农民父亲和母亲的再现！

《我的农民父亲和母亲》虽看似平淡，然而平中见奇，颇有生活力度和思想深度，娓娓道来的是一个震人心魄、震人心灵的故事，在艺术上更是独具一格，给人一种新的感受！应该告诉您的是：大作在我们鄂东颇受推崇，我在《长江文艺》鄂东笔会上与朋友和读者交流，他们一致认为，您的大作写得很不错，颇见艺术功力和艺术感染力！

读者来信从山东从江苏从甘肃从湖南从宁夏从陕西飞向了冯积岐的案头，这么一篇优秀的作品在当时的评论界却没有任何反响，像死寂的水面没有泛起一丝波澜。

当《小说月报》杂志社的一位编辑打电话，要把冯积岐的《我的农民父亲和母亲》收入他们的《第七届百花文艺奖入围作品选》的时候，冯积岐拒绝了。他想，既然他的作品没有获奖，就证明不被评委们看好。再说，他的写作并不是为获什么奖。他常说，在这个文坛，获奖专业户多得是，他就不凑那个热闹了。杂志编辑再次打电话，冯积岐再次拒绝了。几次电话以后，冯积岐不好意思再次推拒，答应了入选，在他看来，《小说月报》的编辑对他厚爱有加，情谊匪浅，他很感激编辑。拿到样书后，冯积岐才发现，他的作品《我的农民父亲和母亲》排在短篇小说目录的头条，编者在后记中说，按得票多少排名。这就说明，冯积岐的得票最多。评了六届的百花文艺奖，每一届都有中短篇小说获奖，而第七届却让短篇小说空缺了，只评了中篇小说和微型小说。好多年过去了，《小说月刊》杂志在编选杂志社成立三十年优秀作品选时，又把《我的农民父亲和母亲》选入了，这使冯积岐感到既欣慰又悲哀。《我的农民父亲和母亲》虽然没有获奖，几十年过后的入选证明，它依然不失为一部好作品，时间给了作品应得的肯定。

冯积岐至今坚信着他的恩师邵燕祥老先生给他的信中的那句话：时间会

证明一切的。对一个作家最严峻的考验莫过于时间。二十年过后，回过头来看，《我的农民父亲和母亲》仍不失为一部佳作，时间是公允的，时间擦亮了批评的良知，使那些被低估了的作品回到了应有的位置。这一点也让他始终坚信，时间会对一部好作品做出严肃而公正的回答。

第九章　解放

这里所说的解放，不是1949年全国人民赢得的解放战争，但从个体从精神上对于冯积岐来说，这样关乎人的解放实在不亚于一场轰轰烈烈的解放战争。因为，从那时起，冯积岐二十多年来日夜祈盼梦寐以求的时刻终于到来。他从此可以挺直腰杆堂堂正正地做人了。

那是1979年早春2月，中央一纸红头文件规定，地主、富农家庭出身的子女一律改为“社员”成分，其政治待遇与贫下中农一样。就是那么薄薄的一张纸，预示着和冯积岐一样同属地主、富农家庭出身的一类人从此成为中华人民共和国的一个子民，可以光明正大地享有中华人民共和国土地上与其他人同等的政治待遇。就是这张纸，似一场及时雨顷刻之间驱散了长久笼罩在冯积岐一家人头顶的阴影，卸掉了他们一家人心头无形的桎梏，使冯积岐瞬间产生小说《村子》中所描述的祝永达在当上了村干部的那一刻所感受到的轻松与解脱。从红头文件出台的那一刻起，冯积岐内心某种信念变得无比坚定，他清楚地知道，从此，自己不必再躲闪，不必再卑怯而瑟缩地出现在村里那些人面前，看人家的脸色，忍受人格尊严被一遍遍地践踏了。人的解放、身份感的回归令冯积岐欢欣鼓舞，同时，也让他产生一种晕晕乎乎的感觉，他用力捏捏自己的脸，确定自己真实地存在着。兴奋之余，他又感觉由衷的悲哀，从他出生、成长到懂事，无论心理上还是精神上的桎梏束缚了他二十多年，成长为他灵魂和血液中的一分子。如今，却被这薄薄的一张纸就那么轻易地改变了？他无法用一种正常的思维解释自己那一刻那种复杂的心情，思想上怎么也转不过来那个弯！

1979 年 4 月，在陵头村当支部书记的远房叔父给冯积岐带来了一个好消息：大队里缺人手，侄子有文化有手艺，他决定让侄子去大队工作。很简单，叔父一句话就让冯积岐当上了生产大队的干部。同时，好几项工作摆在冯积岐面前，他没有丝毫胆怯，他有的是力量，是激情，是因有机会重新做人而产生的从躯体上升到精神层面的生机勃发的力量，甚至是一种亢奋的超常生命力。八个生产队的大喇叭的开播和一天三次广播，是他当广播员一天的工作，开三次机器兼写广播通讯报道，这些工作对他来说是信手拈来，是很轻松就可以拿下的活儿。凭着自己生病时学习的粗浅的医学常识，在公社兽医站培训了两周时间，他就上门给村里农户家里的猪牛羊医病了。当然，都是一些简单的技术处理，什么灌肠、打疫苗、挂吊针等，他都能做。而且，不论在什么时候，只要谁家需要，一声招呼，冯积岐就会背上药箱跟着走。有时候，半夜里被叫起来去给村民家里的鸡或猪打针，大年三十给猪看病甚至钻猪圈阉猪这些事，对他来说稀松平常。他觉得，能给庄户人办事，能学有所用，就是他最大的快乐。他的劳作，他的勤勉，证明了他的人生价值和他的存在价值。人的价值不是出身、地位、阶级所决定的，“英雄不问出处”。古往今来，无数的事实证明了这一点。

当时陵头村的一个生产队长，无论从情感还是事实上都不能接受地主成分家庭的人突然发生如此天翻地覆的变化，忍不住像当年一样骂街：哼，张狂啥呢！世事在变，不要高兴得太早了！不过，现在骂街他要挑在没人的时候，一个人恨恨地表演似地跳脚是根本没人理会的。对于世事的突然变化，冯积岐的内心其实也并不怎么踏实，他怀疑这样的好日子不会太长久。心里虽不安定，但对于工作，他还是一如既往，尽职尽责地去干。这样忙碌而充实的日子过得很快，似乎一转念间，一年就过去了。冯积岐在村里人的眼里已经不再是以前的“狗崽子”形象了，但他依旧低调做人，既勤快又谦逊，他的朴实与能干赢得了全村人的赞许与肯定。

1982 年春天，是冯积岐人生中又一个重大转折。全大队 30 多个党员全票表决通过了他的入党申请，接下来，冯积岐顺利地加入了预备党员的行列。随后，经过了比较严格的组织调查及外调等程序，于 1983 年，他正式加入了中国共产党。29 岁的冯积岐是陵头村第一个地主出身的入党的娃，这件事对他的刺激和激励无法用语言表述。入党使冯积岐从心底里认可了他们一家以及和他们一样的人得到了真正的解放这一事实。当冯积岐被正式接纳为共产党员的时候，他的心情无疑是异常激动的。当他终于有一天可以人模人样地活着的时候，他当时的心理就是小说《村子》中的祝永达在那种境地真实的心理写照：入党不只是出自于内心的信仰，而是人格和尊严得到恢复的证明。

冯积岐从精神上、肉体上解放了，可是，他的命运又将如何呢？他无法去想很多问题，那时候，他还没有那么强烈的命运感，他还是一如既往、脚踏实地地做人、做事。

在生产大队的工作虽然很忙，但毕竟不再参加地里的农活，对于冯积岐来说，他便有了更多的时间去读书。与他邻村的朋友张广生当时在国营五二三厂工作。五二三厂是陕西一个大型印刷厂，承印《延河》《人民文学》等杂志。张广生偶尔会从厂子里带回来一些印残印废了的书本杂志，大多时候是《人民文学》杂志。冯积岐便从朋友张广生那里借回家阅读，那是他最早接触到的八十年代新时期的文学杂志。还有在陕师大读书的初中同学王星昌，每年寒暑假都会从学校图书馆里给冯积岐借回来几本世界名著，像《罪与罚》《复活》《莫泊桑短篇小说选》《契诃夫小说选》等，冯积岐真正地像一个饥饿的人扑在面包上，白天上班，晚上如饥似渴地读书做笔记。1982 年，陵头村分田到户，他除了劳动、上班，就是读书、写作。任何文学写作者都是从强烈的对文学的爱好开始走上了创作之路的，冯积岐也不例外。他从十一二岁起就阅读小说，并逐渐喜欢上了文学作品。直到三十岁，他才拿起笔开始写作，这并非偶然，而是他爱好的延续、文学生命的延伸。初学写作的冯积岐开始模仿别人的套路，学着去写，慢慢地，他感觉到创作不是模仿，而是必须从自己身边的生活出发去发现素材、搜集素材，再用自己的笔去描述的一个过程。于是，他凭着自己捕捉到的素材写了三个短篇小说《拆房》《捞桶的人》《粮子》。

就在那年秋天，挖完玉米，麦子才刚刚种上，一场秋雨淅淅沥沥浇透了干渴的土地。冯积岐家的玉米喜获丰收，玉米棒子堆满了不大的一间房子。十月的一天，邻村里他的一个朋友，也是一个文学爱好者，给他带来了他生命中的贵人——时任《延河》杂志编辑的徐岳老师。冯积岐记得当时自己家那七八个平米的屋子里倒满了一大堆玉米棒，直挨到了炕沿上，让人无法立足。徐岳老师没有嫌弃什么，二话不说直接脱了鞋子踏过玉米棒就上了炕。徐岳老师靠着炕墙坐下，冯积岐就坐在徐岳老师旁边。徐岳老师细细地阅读着冯积岐的三个短篇小说，时不时提出一些见解与冯积岐讨论。冯积岐的妻子在厨房里擀面，灶膛里的火呼呼地舔着锅底，照红了妻子热情洋溢的脸，冯积岐那一刻的心情也像妻子面前的灶火一般热烈，其中仍不乏忐忑之意。徐老师留下来一起吃了午饭。最后，徐老师挑出那篇《捞桶的人》交到冯积岐手上，叮嘱将那一篇继续修改，等到家里的农活安顿下来就赶紧给他寄到省作协。

将玉米剥皮挂上木头架，冯积岐除过白天工作，晚上开始着手修改小说《捞桶的人》。深秋初冬的季节，麦子经一场秋雨滋润悄悄生长，地里的庄稼在静默中孕育着，积蓄着扎根成长的力量。冯积岐也以一种蓄势待发的劲头恶补中外名著，他不断地从文学的土壤中汲取力量，冲破层层桎梏，迎接即将到来的他人生的春天。冯积岐家那一间大的厦房里只有一张衣柜，衣柜有面板，他趴在上面写字，可是双腿却无处搁置。他没有一张可供写作的书桌，何况，房间里也没有地方可以支起一张桌子。他别无选择，只好趴在炕头上写作——胸脯下支一个枕头，两个胳膊支在炕头上，那样一个姿势太久，就会感觉胸闷。但是写作对于他成为一种愉快的劳动，他一点儿也不觉得累，他按照徐老师提出的意见修改两次后寄给了《延河》杂志社。就在即将到来的春节前夕，冯积岐等到了徐老师给他的来信。信中，徐老师说，寄给他的那篇小说《捞桶的人》，杂志社都很看好。冯积岐没想到小说这么顺利就得到《延河》的首肯，很高兴也很意外。高兴的是，他终于有作品问世了。意外的是，他只写了三个短篇小说就有一篇能够发表。也许，应该解释为这是命运对他的垂青吧。1983 年《延河》第五期刊发了《续绳》，就是那篇《捞桶的人》，徐老师将题目做了修改，小说《续绳》成为冯积岐今生第一篇作品，成为他的处女作。故事写的是村里一个专事捞桶的人在日常生活中和村里的一个农民发生了矛盾，改革开放之后，曾经有矛盾的两个农民又是怎样一步步将剑拔弩张的紧张关系化解，续接上了往日的友好关系。续绳是他最早产生的一种艺术自觉，是一种象征一种意象。至今，冯积岐与恩师徐岳一直保持着一种亦师亦友的感情。他们经常走动，探讨文学。他常说，徐老师是他的贵人，他庆幸自己遇到了生命中难得的文学领路人。

随后几年间，冯积岐不断地读书学习，逐渐开始了他文学创作的人生。冯积岐最初的写作像练习画画儿的学生一般，先从临摹写生、练习素描开始，不断地观察天气变化、人物形态、说话特点、肖像特征，用稚嫩的文字叙述身边的大事小情，观察生活，记录点滴。几年间，冯积岐做了十几本读书笔记和写作日记。在这些笔记中，有他对生活的记录、思考，对写作的感悟、理解。在一篇笔记中，他写道：

二十多天来，天老是抽着脸。在我的想象中，七月七日，天肯定会放晴的，因为，晚上，织女和牛郎要隔河相望的。真不凑巧，不知是王母娘娘使了什么手段呢，还是牛郎织女的运气不好，那天晚上，淡的、浓的 、远的、近的云团联合在一起，结成了团。天黑得十分认真，十分结实，黑得居心叵测。第二天就下起了雨，淅淅沥沥的，一会儿很张狂，一会儿又收敛了。单调的房檐水声敲得人心烦，一直下了四五天，像牛郎织女在哭泣，哭他们又错过了相会的一年。街道上的烂泥有半尺深，土墙霉了，树木霉了，人心也似乎霉了。我觉得，院门前那块石头也被泡大了许多。(1982. 08. 31)

他们四个人在赌博：一个五十多岁，长脸，刚剃过头，头显得很尖，下巴周围泛着青光，眼球暴突着，目光紧盯着手里的扑克牌，打一张思忖一会儿。另一个四十八九岁，留着分头，头发黑白夹杂，像撒了满头的草木灰，颧骨突出，脸上有不明显的红丝，稀稀朗朗的胡须很凌乱，塌鼻子，补两颗金牙。一只手紧攥住纸牌，像捏着自己的命一样。还有一个三十六七岁，三角脸，厚嘴唇上粘着半截子纸烟。眉毛很淡，像三角形的两个边，向左右两个眼角斜去。他咧着嘴，门牙掉了一颗，牙齿熏成了焦黄色。他出一张牌，眼睛努力地睁一睁。最后一个，四十四五岁，很瘦，圆脸盘，黄脸皮，短短的胡髭呈淡黄色，一张口，面部的皱纹向一块拥挤，耳旁的青筋像两条蚯蚓贴在那儿。他出错了牌，就大声呐喊。(1982. 09. 16)

这些日记记录了冯积岐对生活的细心观察和真实感悟。在另一篇读书笔记中，他写道：

一个深刻的体会就是，不在于你写了什么，而在于感受了什么，理解了什么，如果没有感受，没有理解，就不要写。业余作者常常苦恼写什么？从什么角度去写？关键在于你体验了什么，积累了什么？(1983. 05. 06)

农民语言是最丰富的语言，前几天，走在路上听两个老太婆议论自己的女婿，一个说："你还弹嫌啥呢？你女婿脸面四方四正的，很富态。我那女婿，脸窄得很，只有二指宽的溜子，像个瘦猴。"一个说："哟！你还夸我的女婿哩，他呀，眼睛细得是个眯眯子，胖是胖，胖得太难看了。"这些农民语言朴实、生动、贴切、简洁，可以不加修饰，挪到文章里去。(1983. 06. 08)

所谓写最熟悉的生活、最熟悉的人物，也就是写自己最痛彻的体验。这种体验，不是说写小偷，就要去偷别人。体验不仅仅是对生活外在形式的体验，而且是情绪、感情的综合体验，是一种最细微的心理体验。某件事对别人来说，可能是一般的、平常的，引不起精神上的反映，折射不出什么，对于一个写作者来说，就应该引起警觉，自觉地使自己的心理状态进入体验过程。这种体验积累很重要。(1983.09.05)

构思的时候，要放在广阔的社会背景上去考虑，放在历史、民俗文化背景上去考虑，不要就事论事。要充分展开艺术虚构、艺术想象。抓住一个题材，不要急于去写，要再扩展，再思考，重新排列组合，多折腾几次。(1983.10.05)

这些读书笔记是他对创作的思考，对人生的思考。他读屠格涅夫的《普宁与巴布林》，一边分析小说结构，一边记录人物描写在作品中的应用和精美的语言描述。接下来，冯积岐就会在身边的一个个普通人物身上试图去发现一些什么，再用自己的想象加以描述。从那时候起，他就喜欢上了外国文学。他读过契诃夫的回忆录，他发现其中几乎没有提到过契诃夫曾经哭过，可是，当契诃夫逝世前跟萨瓦·莫罗佐夫一起到茨那尔去的时候，作家谢列布罗夫还是看到他热泪盈眶。那是一个孤独的灵魂临终前在深夜流的泪，是他的善良、勇敢和高尚，是一种精神一种风度。为了不使亲近的人的生活被阴影笼罩，他隐瞒着不让所有人看到自己的眼泪，不给周围的人带去一丝不快。冯积岐从蒲宁的《阿尔谢尼耶夫的一生》中，学习蒲宁优美的语言，充满惆怅的却又令人心醉的话语常常使他感动不已。他第一次读到了光线、气味、声音和色彩这些现象之间存在着的某种天然的联系。色彩产生气味，光线产生色彩，声音则再现一系列栩栩如生的画面，所有这一切又会生出一种特殊的心情，有时使你感到抑郁，不由自主地凝神沉思；有时使你觉得生活是愉快的、欢乐的、温暖的和风；生活是博大的，有树木的喧嚣，有海洋无休止的轰鸣，有儿童和女人可爱的笑声。蒲宁说："不管在这个不可理解的世界上是多么愁闷，这个世界仍然是美好的。"大师的经验之谈给了冯积岐很大的启示。他把路遥的《人生》读过两遍，分析结构，分析人物及人物之间的关系。他认为《人生》的贡献是打破了单一书写正面人物或反面人物的框架，主人公高加林是一个不能用好人或坏人去概括的人物，尽管高加林没有占领道德高地，但他是一个形象鲜明的典型。他读路遥的《在困难的日子里》，认为小说没有停留在仅仅对三年困难时期的残酷性的描述，而是升华到了人情的高度、人情的美好，使人对现实生活中人与人之间的冷漠有所反思、有所感触。冯积岐总结了二十世纪的中国文学，认为好多作品对人性的挖掘依然缺乏哲学深度，陀思妥耶夫斯基式的对灵魂的“拷问”几乎是没有的，深层意识的剖析远远未得到个性化的生动表现。大奸大恶总是被淡化而流于表面。真诚的自我反省往往只停留在政治、伦理层面上的检视，所谓“复杂人性”的概念，实际上未真正被中国文学所接受，人性的弱点总是作为民族性格中的痼疾被认识和揭露。冯积岐对民族文化在接受的同时持有一种清醒冷峻的批判意识。他认为，传统文化固然有许多可继承的优秀的部分，但是，传统文化是有其糟粕的，关键在于继承的时候选择什么。

读书使得冯积岐不停地处于思考之中，以至于他的妻子偶尔也会抱怨丈夫不关心家庭，不关心孩子，像一个患上了文学病而痴傻的呆子一般。但妻子总归还是理解包容他的，多年来，妻子一直默默地支持他，她知道，丈夫在做着他喜欢的事，丈夫高兴做的事，她觉得都是对的，丈夫获取的诸多荣誉，也带给了妻子一份荣耀和自信，于是家里的活儿妻子二话不说全部包揽。冯积岐则完全处在一种文学的生存状态中，文学给了他的工作、生活以无穷的力量和激情。生活在冯积岐面前似乎铺开了一条希望之路，那就是坚持不懈地去进行他的文学创作，不论将来能够收获什么。他觉得，文学不再是某种观念的简单诠释，而是一个独立存在的实体，蕴含着丰富的多样性与无限的可能性。他越来越觉得找到了自己活着的一种方式，同时也走上了一条文学的不归路。他从不考虑成功与否，只要干起来，就是走在正路上。

1983 年 3 月，冯积岐的心境如蓝天一般明朗，他的心气日渐高涨，决定在家盖新房。原来与叔父家一个院子住着，随着两个儿子的出生，一间大的房子实在是连转个身子也困难了，而且作为父亲的责任感与独立门户的担当意识，促使他必须另辟庄基盖新房，这也是妻子近几年最迫切最渴望解决的心头大事。他决心改变住居的窘迫局面，他开始了筹备盖新房的事。不久后，新庄基批下来，他找来建筑工人。就这样，新房子在紧锣密鼓中动工了。就在建造厦房的工程快要完工的时候，冯积岐意外地接到了省作协《延河》杂志社的通知，通知他参加《延河》新作者会议。那可是他第一次去省城，而且是去自己心仪已久的文学圣殿里去开会，登那样的大雅之堂对于他这样一个农民来说简直是件不可思议的事情，但却真实地发生了，冯积岐感觉自己像做梦一般。他兴奋、激动了好几天，妻子更为他骄傲，早早给他准备好了路上要吃的东西。接下来，冯积岐又为难了，他没有一件能穿出去开会的体面点的衣服，这个会可怎么参加啊！家里的破旧衣服显得太寒碜。无奈之余，妻子建议他借件衣服，于是冯积岐向在外上班的堂弟借来了一件上衣和一块手表，他像《陈焕生上城》里的农民陈焕生一样穿戴一新，第一次走进了省城西安，去省作协参加为期七天的新作者会议。在那难忘而短暂的七天里，他看到、听到的是胡采、王汶石、杜鹏程、李若冰等省上第一代文学家的精彩讲授，他们都堪称冯积岐的导师。陈忠实、贾平凹老师当时作为年轻一代作家参加会议。贾平凹谈到中国传统文化裂变中的痛苦问题。陈忠实谈到写作中要紧紧地抓住人，写人的价值、写人性复杂性的创作体会。在那一刻，冯积岐思考老师们讲到的问题，回想自己创作中遇到的难题，顿时产生豁然开朗之感。而且，令他吃惊的是，老师们谈到的正是他所面临且急需解决的问题，他发自内心地感激老师们。经过反思，他觉得自己的许多作品只停留在一个较浅的层面上，在深度上没有飞跃，对题材挖掘不深，致使思想内涵没有达到一个高度。会上，冯积岐给自己选择了一个不起眼的角落安静地坐着，虔诚地埋头记录着老师们发言的一字一句。那次会议，也是省作协老中青三代作家的一次大集会。在开会的最后一天，冯积岐发现从堂弟那里借来的手表表针突然停下不走了。他很紧张，因为当时一块手表已经算家里很值钱的家当了，他根本赔不起。会议结束后，回家的当天，冯积岐就去了堂弟家里，还了堂弟衣服，并坦陈自己不知道怎么弄坏了那块手表。他惴惴不安，到底该怎样赔人家手表！早听堂弟说过，那块表值九十多元钱呢，当时的九十多元实在是一笔不小的数字，是否要赔堂弟表钱，他心里没底。堂弟接过手表鼓捣了两下，手表的指针又开始走了，堂弟笑道："表没坏，你不上发条，表咋走嘛?"冯积岐的孤陋寡闻闹出了笑话！他哪里知道手表还需要上发条啊！

1983 年夏收是分田到户收获第一料麦子，家里两个孩子还小，只有冯积岐与妻子两个大人两个劳力，两人一上午不停不歇能割二亩七分地，回到家里的时候，都累得腰也直不起不来了，可是，看到自家收获的十六石黄澄澄的麦子，两口子心里甭提有多高兴多自在了。碾场，晾晒，交了公粮，冯积岐把余下的粮食一口袋一口袋地背到楼上装在仓里收好。二十多年前挨饥受饿的日子历历在目，他不能糟蹋一粒粮食。从收获第一料庄稼开始，冯积岐明白了一个道理，写作并非是穷人从事的工作，他整天为衣食奔忙，就没有时间没有情绪去写作。要从事写作，必须先解决吃穿的问题。粮食的丰收，使他解决了生活的头等大事，也解决了写作的后顾之忧。虽然，中外不乏有穷困潦倒的一代文豪、画家垂范古今，但是，缺吃少穿也会削弱志士的意志、摧毁文人的尊严、撕下文明的外衣。惶惑不安中，创作的灵感或激情将从何而来？也许在食不果腹、衣不蔽体的境况下才思枯竭，也许于愤世嫉俗、悲天悯人中灵感泉涌。

1983 年 12 月里的一天，岐山县文化局通知冯积岐参加县上的文学创作表彰大会。冯积岐没有想到，他的短篇小说《续绳》发表后会引起那么大的反响，县上的业余作者把他捧得那么高！那天会后，许多业余作者找冯积岐签名，他第一次感受到被人推崇、被人仰望的感觉。回到家，他还是农民冯积岐，他知道，文学带给他的不是这些表面的浮华的光环。他依旧不停地写作，写作逐渐成为他生活当中一项必须的事情。劳动、工作之余的写作，对于一个农民来说，就是在用文字填补精神的空缺和打发农村生活的无聊。

搬进新居之后，冯积岐做的第一件事是，请村里的木匠给他打一张简单的书桌。家里仅有的那点儿旧木头不够打一张书桌，同村的朋友刘正奇知道后，把自己家里的一些木头送给冯积岐，一张书桌就这样凑合着打好了。冯积岐第一次拥有了自己写作的房子和桌子。

写作的火苗一旦点燃，便不断地燃烧，在冯积岐的心里，他已经深深地爱上了写作这种愉快的劳动。家里的农活再累，他依然没有停歇地写作。他将写好的一篇又一篇小说反复修改后，再寄给徐岳老师，徐岳老师审稿后还是多次给他退了稿子。徐岳老师写信给冯积岐，鼓励他，给他谈小说的立意、主题、构思，讲述他自己构思短篇小说《街上发大水》和《藏在心底里的画》的创作经过，以此启发冯积岐。徐岳老师给他讲，要将最核心的情节写深写透，将枝枝蔓蔓的东西砍去，抓住人物最闪光之处，最能突出性格之处要反复写，给读者一个完整的印象。要写得很精练，要把人物放进一个情境中去写，放进文化氛围中去写。徐老师的经验之谈，对冯积岐启发很大。1983 年直到年底，他没有再发表一篇小说。可是，他觉得，他已悟出了不少写作的门道。

在冯积岐看来，写作就像他小时候进山割柴一样，要有坚忍不拔的毅力。不出力流汗，一担柴从十几里外的山里是无法担回来的。他身体里面有农民式的坚韧、坚定，一旦把写作看作自己的生活方式和生存方式，他不再左顾右盼，不再操心日子过得怎么样，家里的粮食已经够吃了，余粮还可以卖掉换些钱，再苦，起码生活上不愁吃穿了。他认准了写作这一人生目标，便不再回头，就像沙漠里的旅人看到了海市蜃楼一般，他被一种渴望牵引着，迷惑着，像牛马一样地辛勤耕耘着。虽然，他不知道自己在文学上到底能走多远，但是，走过、历经过生活数次磨难的他心里清楚，不论干什么事情，只有坚持下去，才能有成果。从他发表《续绳》起，文学创作就成为他不可或缺的一种生活，而且几乎是唯一的生存方式。他相信，他的坚持总会有收获，他的执着会感动上苍。从冯积岐坚定目标、坚持写作的那一天开始，他写出了一个个扎根于农村的生动故事，也收获了众多读者的喜爱、尊重与推崇。同时，对于冯积岐自己而言，他写出了他的一番别样的人生，也走上了一条文学的不归路。正如海明威所言："只有死亡才可以终止它。"

第十章 在乡政府的日子 |

冯积岐在陵头村所从事的每项工作，都干得风生水起。同时，他感觉能让自己充实地活着的又一个价值体现就是一个字一个字堆砌起来的作品，就和女人怀孕生子是一样的，辛苦并快乐着。

1984年4月26日，冯积岐用自行车推着一床简单的被褥，走进了北郭乡政府的大门。冯积岐在初中同学杨龙定和朋友李万魁的推荐下，当上了乡政府的通讯员，负责全公社生产大队广播站的通讯报道工作。

白天，他的时间全部交给了乡政府，他要配合乡政府的中心工作，写各种经验材料、领导讲话稿、镇政府工作报告、党委工作报告等等，而且，还要完成县广播站的通讯报道任务。有时候，他一个月要写三十篇稿子，一天一篇。晚饭后他才可以有自己的时间坐下来写作，六点吃晚饭，七点钟准时坐在桌子跟前开始写小说，经常是写到凌晨两三点。有时候晚上吃得少，写到凌晨的时候，肚子饿得咕咕叫，实在不行，就去叫醒伙夫要个冷馒头，垫垫肚子。秋季一个淋漓不尽的雨天，他照例写到凌晨一点多，饿得实在不行，去叫伙夫，伙夫睡得实，他没叫开门，于是又去叫乡政府水利员的门，水利员说是这边的伙夫回家了。没办法，他只好冒雨回家，一顶草帽无法阻挡大雨的侵袭。九月份的雨下在身上已有些凉意，秋雨打在路边地里的玉米叶子上唰唰作响，路过的那片乱坟地在静夜里显得特别阴森诡异，他已经顾不了许多，虽然在略微停顿的时候，他还是感觉头皮发麻，心里怦怦乱跳，但也只能咬咬牙，加快脚步往家赶。回到家里的他已经是一个落汤鸡了。他的晚归，惊醒了睡梦中的老婆，凌晨两三点回家，老婆以为出了啥事，看到丈夫平安回来，得知原来只为了填饱肚子。她怜惜丈夫，一边嗔怒并责怪着，一边热好了馒头塞到丈夫手里。冯积岐匆匆吃了馒头，转身又要返回。老婆意欲挽留，一声“唉”还未出口，冯积岐已经出了院门再次钻进了雨幕中。

他回到乡政府只睡了两个小时，又到了五点开机上班的时候。他的生活几乎天天如此，忙碌工作，坚持写作。写完了稿子，修改多遍，然后寄给《延河》编辑部，徐岳老师总是负责任地给他的稿子提出修改意见，并鼓励他，出于对冯积岐的严格要求，曾多次退稿给他。一年下来，冯积岐发出去又被退回来的稿子整整装了一纸箱。退稿给了冯积岐不小的刺激，也让他从内心真正地沉静下来，他陷入深深的思索之中，他的写作之路到底在哪里？许多个无眠的晚上，纸烟一根接一根地抽，大脑从清醒到眩晕，从眩晕到清醒。始终，冯积岐没有气馁，他振作精神，他清楚自己接下来要做的是打破原有的思维，突破原有的写作模式，换一种新的思路去写，也许才能达到徐老师对作品的要求。

初学写作的冯积岐别无他法，他只能通过读书一点点地积累。他向中国的现当代作家学习，孙犁的小说和沈从文的散文是他最初学习的摹本。一个周末，他骑自行车跑到相邻的凤翔县城买了一本《沈从文小说选》，来回行程将近百里，但是一点也不觉得累。后来，他又从百花文艺出版社邮购了一套《孙犁文集》，如获至宝。从孙犁那儿学习如何构思、如何结构，学习干干净净的语言风格。读沈从文的小说，对他启示很大，沈从文先生的小说具有现代小说的意味，一个短篇就是一个印象派画家的画面。沈从文先生教会了他如何感觉这个时代、感觉一个人物，教会他初学写作首先要从感觉入手，而不是从概念入手。

1985 年，冯积岐得知扶风县文化馆的创作员吴克敬在《当代》杂志发表了中篇小说《渭河五女》。之后，他找来杂志，一字不落地认真研读。读后，他对吴克敬的小说感佩至深，希望有机会能与吴克敬坐下来好好探讨一番。秋季里的一天，冯积岐约岐山县文化馆版画画家李辛儒老师一起坐长途汽车去了扶风县，见到了吴克敬。吴克敬侃侃而谈，给冯积岐讲述了自己写作《渭河五女》的体验。听后，冯积岐回想自己的创作与思考，他相信自己是走在了一条文学创作的正路上了。于是，他更加用功地读书、写作。从那时起，他与吴克敬时不时相约探讨写作，两人之间建立了深厚的友谊。冯积岐当时对自己的期望很低，写十篇短篇小说，只要能发表一篇，他就心满意足了。

1985 年 12 月，是冯积岐继 1983 年 3 月上旬之后，第二次到陕西省作家协会参加创作座谈会。在会上，冯积岐听到了贾平凹、陈忠实、李小巴等人的讲课，他做了详细的笔记。

1985 年 12 月 12 日中午，贾平凹讲了三个观点：一是对寻根文学的看法。他认为，要用现代艺术经纬那个“根”，珍惜脚下的这块土地，研究民风民情、政治、文化，然后用现代艺术审视它；吃透西方现代派和民族传统的东西；寻找哲学和文学相通相似的地方，比较中国的绘画书法和西洋的表现形式有什么不同。研究以后，就能站得高一些，就不会就事论事了，文学最忌讳的是就事论事。二是对个人创作的看法。他指出，要将时代精神渗透到作品中去，要有自己的个性，要研究小说符号，思维空间要开阔，能把自己的思想感情表达出来就是小说；要改变自己的文化心理结构，多研究哲理和自然，研究语言的节奏，把客体和主体结合好。三是对于如何成熟陕西文学的看法。他说，一定要继承汉唐文学的开阔、大度；太写实便不能体现力度；要借鉴拉美文学中优秀的东西。

1985 年冬天，冯积岐写出了短篇小说《舅舅外甥》，他怀着忐忑不安的心情将小说寄给《延河》杂志主编徐岳老师。没过多久，徐岳老师给冯积岐回了一份信，信中只有三句话：“读了你的《舅舅外甥》我不由得拍案叫绝，我真不知道你是怎么写出这么一篇好小说的。写得太好了，祝贺你。”徐岳老师的盛赞之情溢于言表，冯积岐真没有料到，他的那篇小说会得到徐老师这么高的评价，说明经过两年的苦熬，功夫不负有心人，他的小说创作终于上了一个台阶。回想起来，那句话是徐老师给予他写作以来最高的评价，这更坚定了他继续坚持写下去的信念。

1986 年 1 月，《延河》杂志第一篇刊登了冯积岐的《舅舅外甥》。1986 年 4 期的《作品与争鸣》转载了这篇小说。上海的《五角丛书》也转发了这篇小说。小说发表后，得到了不少读者和评论家的好评。评论家王愚在文章《多一点时代的投影》中，对《舅舅外甥》从选材、立意方面给予了很高的评价，同时，又从人物性格和时代特点上进行了深刻的分析。他说：“一个作家，尤其是一个小说作家，把握现实的深度，往往表现在如何从个别性的复杂状态中，折射出时代的投影，这在文学史上已为不少文学大师们的艺术实践所证明。”在这一点上，冯积岐笔下的人物身上时代的投影薄弱了些，形象的内蕴也显得单薄。此后，冯积岐也认识到，即使是一个初学写作的作者，对社会和时代的认识、对人物性格的体察，也应该有一个清醒的判断。王愚对《舅舅外甥》中的舅舅从人物与时代的关系进行了分析。他认为，舅舅之所以成为一个冷酷无情、贪婪成性的人，应该从他的生活地位、人生信条，他的生活追求目标定位上去寻找原因，而这一切又不能不镌刻着时代的烙印。就当前的时代来看，新的人际关系正在逐步形成，新的道德风尚也在逐步确立，人的精神风貌和个性特点也正在向新的方向转化，但旧的观念与偏见，特别是旧生活遗留的垃圾，诸如“人不为己，天诛地灭”“上下交征利”之类的极端个人主义和拜金主义的市侩意识，还羁绊着人们的头脑，腐蚀着人们的心灵。因此，在体制改革过程中，固然会推出许多新型的、走在时代运动前头的人物，也会出现一些用旧的观念、旧的手段去侥幸投机、歪曲改革本意的畸形人物，只有从这个角度去写舅舅性格的复杂内涵，写他既不能不在生活的新变化面前有所顾忌、有所收敛，又死抱过时的迂腐的发财观念，爱钱如命、薄情寡义，做出一些既与传统道德脱节又和新的道德标准抵触的龌龊行为，才能写出一个真实可信的生活及在现实条件下的贪婪之徒的形象，也才能引起人们对革除陈腐观念和市侩意识的关注，提醒人们净化自己精神境界的必要。肖云儒在文章《写历史和道德的错位》中给予小说《舅舅外甥》这样的评价：“朴朴实实的，挺耐嚼，挺有味道，而且是那种三两句话不好说清楚的味道。”“作者看来熟悉生活也尊重生活，故而有倾向却善于控制倾向，溢于言表者少。一味从生活画面中来显示，对共生于人物身上对立的精神因子，能够尽量如实地写出来。作者不想用形象的提纯来给某些生活现象作鉴定，而想用人物的原汤原汁去牵引、启动读者对生活的思考。”李国平在读过《舅舅外甥》后写下了评论《悲剧性冲突和冲突的悲剧性》，他说：“尽管这篇小说疏远了乐观的气息和昂扬的主题，尽管它由于艺术上显而易见的不平衡导致了容量方面的大起大落，但是这个作者不动声色地、质朴地描绘关于外甥和舅舅的故事，却以其特有的内涵使人在震惊的同时也进入了思索。”“历史的悲剧性运动常常是历史前进的一个必经的环节。当代农村的变革不仅仅是一个教育农民的问题，而是整个民族文化观念如何在现实中衍演、更新，如何和历史的发展统一的问题——我以为，这篇小说艺术画面所负载的正是这样的意蕴。”后来，李国平写了《压抑欲望》，对《舅舅外甥》给予了深度解析和切身感悟：“在当时这个文学大省轰轰烈烈的蜂拥中，冯积岐的这篇小说有点像一个刚刚进入城市的农村青年，带着更接近人的本质的质朴，又像这个青年怀揣着的一包泥土，散发着浓郁的生活气息。”“冯积岐的追求一直处于真正的文学层次，区别心志高远者和庸常之辈的不在于表面的目标，而在于对人类生活感知的深度和写作者具有的艺术素质的纯洁与正直。从表面看，冯积岐的笔触仍然没有离开农村，没有离开深重的背景，但是背景从前台向后站，变得名副其实了，重大的社会事件以及事件直接的辐射失去了位置，对于现实生活的关注、对于乡土的炽热的爱恋的情感也已退居幕后，随之而来的是人的存在的显示代替了激动人心的故事，鲜明的描写里增加了奇异、荒诞和隐喻，宛若冬日里黄土地上瑟瑟抖动的树干。”

冯积岐通过敏锐的观察、深切的体验、深刻的思考写出了当时农民在改革大潮中的文化心理变化和人际关系的变化。舅舅与外甥本来有着难以割舍的亲情和人情，外甥是在舅舅的背上长大的。外甥依靠在当地种辣椒富裕了，他的眼里只有金钱，没有亲情，更没有人情。于是舅舅出于报复一镢头打出了人命——悲剧发生了。一个优秀的小说家，必须坚守自己的道德伦理判断，这一点，冯积岐做到了，而且他确定了自己淳朴的道德标杆。可是，这篇小说依然缺乏对人性深处的挖掘。

1986 年 9 月中旬，冯积岐应邀第三次参加了省作协召开的“陕西青年作家创作座谈会”，在那次座谈会上，路遥、陈忠实、贾平凹等青年作家都谈了他们的创作体会。评论家王愚、李星做了精彩的发言。老一代作家胡采、王汶石、杜鹏程出席会议。在会议期间，他们主要讲了写作的方法，并给予青年作家们很高的期望。老师们语重心长，殷切之情让年轻的作家们动容。那次会议，冯积岐收获很大。

1986 年 9 月 16 日中午，王愚从自身写作经验出发，他谈到概括的代价。他说，概括要在多样化的基础上概括，而且，概括总是以牺牲一些别的东西为代价的。他还谈到选择的困惑，他认为文章不仅仅要选择形式，选择不能太急，对生活、对人性要进行深刻思考。要超越写作的一般模式，超越西方模式、苏联模式。最后，对于如何在写作过程中把握好现代和传统的关系问题，他指出，通过探索中国民族的灵魂，写出传统的沉重，写出摆脱传统的不易，要把对人的发现、人的价值的肯定放在聚焦点上。同时，要关注普通人的命运。

1986 年 9 月 19 日中午，贾平凹主讲。他讲了主体和客体发生冲突时要改变心态，超越生活，和生活保持一定的距离；表现性存在于结构性，强调了结构对于写作的重要性；苦涩美感和硬性和谐说的是表现的多角度多层次性；还有一点，就是表面上中国化，骨子里现代化，现代化的一个特征就是强化个性。

1986 年 9 月 20 日中午，陈忠实讲到一般作品存在的缺点表现在：一是把作品中的人没有作为“人”的命运和“人”的意识来写。二是把强烈的政治变化作为农民的变化来写，把“人”简单化，这只是表层的东西，太直白，太急功近利了。比如，写农民富了，就写这一政治变化给农民带来的外在的变化，聚焦点没有放在人的价值、人的性格、人性上去写。

1987 年 3 月，《延河》杂志社在陕西省泾阳县举办改稿会，冯积岐作为省内有潜力的青年作家参加了这次改稿会。后来，《延河》杂志出了两期“陕西青年作家三十三人作品选”，冯积岐的短篇小说《豹子下山》被选入。肖云儒是他小说的指导和点评老师。肖云儒在评语中说：

冯积岐的小说，把带有思想色彩的问题在浓重的乡土风情中化解开来。我读《舅舅外甥》，喜欢他捕捉内在冲突的敏锐，也应和着文字中蒸腾出来的醇厚眷爱，又分明感到了一丝困惑、一丝期待：对转折时期历史和道德发生的龃龉困惑，对尽早消失这种龃龉的期待。

《豹子下山》，隐去困惑而明朗了期待。小说几乎是直捷地显示出了一个判断：非道德的也常常是非历史的，还是让生活运行在历史和道德的并行的双轨上吧。——这是冯积岐代表千千万万个豹子、百合、申山大伯说出来的话。年轻的作者毫无保留地站在生活中最大多数的一面。

冯积岐的路子没错！

十几年后，包括冯积岐在内的三十三人成为陕西文学创作的中坚力量。再过十几年，这三十三人中就剩下了冯积岐、叶广芩等为数不多的几个创作骨干了。

1987 年，冯积岐在《延河》第六期发表了《豹子下山》。

1988 年，冯积岐在《延河》第一期发表了《日子》，在《中国西部文学》第五期发表《在那个夏天里》，在《中国西部文学》第六期发表中篇小说《地下水》。

一个冬季下来，在乡政府工作中，冯积岐除过上班就剩下埋头写作。同时，他还积累了许多农村素材。勤于写作的他对人谦和，处事谨慎，与大家相处得很好，他的办公室成为乡政府干事们零时的闲聊室，冯积岐命名为“饲养室”。在农村饲养室的炕上，常常有一伙农民围聚在一起闲聊。因为经常下村，他与九个大队的支部书记和队长都能说得来，关系处理好了，下面的工作也就能顺畅地推动。每次乡政府开会，村干部们一定是先去他那里报到，他也乐得从村干部的闲聊中获得些故事。他办公室的烟茶随时准备着，大家伙儿开怀畅聊，抽烟喝茶，算是放松，大家走后，烟头、烟灰满地，办公室里一片狼藉。有一次，几个人一起聊天很晚才离开。之后，冯积岐又接着写作，写得困了就倒在床上直接睡着了，他忘了屋子里的蜂窝煤炉子没有像平时一样提出屋外去。第二天早上，迷迷糊糊中有人敲门，他头痛欲裂，起不了身，这才知道煤气中毒了，所幸并无大碍。

在乡政府的日子，冯积岐由陌生到熟悉，由写通讯报道和各类材料的外行逐渐成为行家里手。包村、抓计划生育、负责乡镇企业等工作，他很快驾轻就熟了。在生活中，他认真对待每一项工作，每一件事。虽则他的身份属于当时所谓的八大员（水利管理员、文化广播员、天气预报员、农技推广员、农机管理员、畜牧管理员、报刊投寄员、粮站管理员），一个月 40 元的工资，吃的农业粮，种七亩六分地。他还是像一个正式干部一样投入乡政府的工作当中，思考着生活和写作，很愉快地帮助需要帮助的任何一个人。1987 年，冯积岐当上了乡广播站站长，乡政府新来了个线路员叫陈永堂，他家境不好，父亲年事已高，母亲精神不正常，家里境况窘迫。来乡政府不久，陈永堂喜欢上了一个女孩，相恋一段时间后，两人准备结婚，可是家里无人照管，冯积岐出面，像大哥一般给予操持，给小陈两口办了简单的结婚酒宴。小陈两口感情一直很好，至今仍感念冯积岐给予他们亲人一般的帮助。

乡政府的生活积累给了冯积岐源源不断的创作源泉，他的一部中篇小说《乡村干部》的素材就来源于他在乡政府的工作。冯积岐写出了接近农民的乡村干部生活的尴尬，写出了他们作为一个主宰人又主宰于人的最低阶层的特点，也写出了他自己所承受的生存窘迫与对解放的渴望。小说《团委书记》讲述的是一个有个性的青年如何最终泯灭个性，进而被环境同化，同时描述了底层政府机关存在的等级秩序，以及与之相应的人的特殊的心理状态和行为方式。

小说《村子》里的田广荣就是他身边生活中的许多个支部书记的作为和性格的取舍、糅合与统一。小说《村子》发表后，读者认为对田广荣这一人物形象的塑造是最成功的。小说中田广荣的所见所闻，源于冯积岐头脑中对村干部的深刻理解。显而易见，他对人性的多面性洞察得很清。对于另一个主人公祝永达的塑造不如田广荣那般典型，祝永达虽则是一个正直能干刚正不阿的村干部，但是在现实中，冯积岐对那样的生活原型体味不深，写出来显得单薄了些。在练习写作的狂热阶段，除过工作，他脑子里总是在思考着一个个细节或一个个故事的发展，他的小说也就在一个个地孕育着。

在 1982 年到 1988 年期间，计划生育工作抓得最严的时候，有一次，在检查超生户催要罚款时，冯积岐恰巧碰上他的一个朋友的媳妇超生，冯积岐硬着头皮动员朋友劝其媳妇做绝育手术，朋友两口都不愿做手术。和冯积岐一起去的民政干事叫冯积岐和他去抬人家里的缝纫机，冯积岐虽然知道，这样做肯定过头了，可是，他被推向了尴尬境地，不得不违心地去做，他是工作组人员之一，不能懈怠，只好硬着头皮和民政干事抬走了朋友家里唯一的一台机器——缝纫机。时隔两年后的一天，冯积岐在街道遇到这位朋友，他们之间的朋友情分丝毫不剩，只留下朋友对他久积的不解与怨恨。冯积岐在乡政府的工作大多是围绕催粮要款、刮宫引产这些日常性事务，对此，冯积岐有自己的看法与认识，却又不得不按照乡政府的规定去做。在他创作的涉及乡村生活的小说中，他对那个特殊的年代有过深刻的反思。他认为，计划生育要搞，但是，那种极端的做法是对人格的践踏，是对人的尊严的撕裂，缺少人性。生活在活生生的现实中，冯积岐积累了丰富的素材，笔下就有精彩的描写。

2

乡政府的日常生活单调、枯燥。星光满天的时候，冯积岐在大家都还在睡梦中缠绕的时候，就早早地从床上爬起来，打开广播放大机，让机器预热，然后去灶房里打开水，再去院子里打扫自己的清洁区。早饭前，是半个多小时的常规学习，无非是读一段报纸，或者上面下发的什么需要遵照执行的文件。最后，乡党委书记像生产队长一样，分派当天的活儿：谁下乡，谁留守，谁去县上参加什么会议，等等。这样的生活，冯积岐在《乡村干部》《乡政府人物》等小说中都做了淋漓尽致的表现。他笔下的乡长迂执中饱含着朴诚和良知，他们明知道那样做会付出什么样的代价，但还是做了。他们在换届中落选，最终被体制所疏远和抛离。

回首过去在乡政府的那段生活，冯积岐常常叹息，带着惋惜，也有几分调侃与讽刺的意味。他说，那时候，乡政府也没有什么娱乐项目，仅有的一台黑白电视机，常年放在饭厅里。机关的干部们吃过晚饭，就去看电视。年轻人打扑克、下象棋消磨漫漫长夜。冯积岐曾在小说中写道：数九寒天，滴水成冰，大地冻得几乎裂开了口子，两个年轻的乡镇机关干部百无聊赖之余便打赌：在冰天雪地里脱光衣服站半个小时，以一盒金丝猴香烟(值四角八分钱)作为赌注。结果一个干事只穿一件背心一条短裤，在零下十度左右的傍晚站了半个小时。像这类故事很多，这不是冯积岐虚构的，事情就发生在他上班的北郭乡政府。还有一次，乡武装部一位干事打死了一条蛇，剥去了蛇皮，他为了赢得一盒纸烟，竟然将那条蛇硬是生吞了下去……这些生活，对冯积岐来说，不是寻求刺激的调味品，而成为他洞察乡政府生活的一面镜子。

冯积岐被各类各样的材料、报告写烦，也写累了，他写得很痛苦，在无奈中，他逐渐摸到了一个规律：如果第二天开三级干部会，当天晚上他熬一个透亮，就能写好会议讲话。吃完早饭，就在开会前，他把写好的材料塞到乡党委书记手中。这样，书记就没有挑剔稿子的时间，他也就不用再一遍两遍地修改材料了。

一次，乡长让冯积岐写一篇经验介绍材料，他当时想都没想就一口回绝了，没给乡长面子。他的拒绝让乡长很是尴尬，可以说，乡政府四十多个干部，几乎没有发生过一般干部当面拒绝乡长的事情。在乡政府，冯积岐每天看到的是百依百顺、唯唯诺诺、俯首帖耳的乡镇干部，但是，他还是拧不过自己骨子里的那股子劲。冯积岐不愿委屈自己，心底里窜上来的火是在长久压抑之后的爆发。他只说了一句话：不写。后来，乡长让人买了一条烟和一些糕点，还赔上了许多的溢美之词来找冯积岐写那篇材料，冯积岐最终还是接受了那个任务，小恩小惠于他又算什么，难道自己就值那些个东西！文学写作带给他创作的激情，而公文材料在他眼里是空洞无物、自说自话且无生命的一阵风就可以吹走的浮游物，对于写公文材料，他实在推拒不得，只能不得已而为之了。

冯积岐在乡政府工作的几年，正是改革开放的初期，农民种上了责任田，但贫穷愚昧的状况一时未得到改善。冯积岐的长篇小说《村子》和中篇小说《这块土地》中，他将那一段生活做了真实的展现，笔触尖锐深刻：乡机关干部去村里挨家挨户检查计划生育，一个妇女为了逃避计划生育，竟然跳下了土崖；农民地里收成不好，为躲提留款，爬到了大树上。这些生活，冯积岐是亲历过的，有深切的体验。比如，收特产税这一项，有的农民根本没有种辣椒，按规定也要交农副产品税；有的农民也没有种苹果，却要交果园税。这是政策规定，没有地方说理，也没道理可讲。农民自然对政府的一些做法产生抵触的情绪，那样一来，乡政府干部在农村开展工作也变得举步维艰，难以推动。冯积岐每天跟着大家做着催粮要款、刮宫引产这些貌似正常的日常工作，没有人提出异议，他们这些乡镇干部只是执行者，政策的制定与他们无关。十几年后，他在小说《村子》中，对于乡政府的一些不合理的做法给予了自己的评判。毕竟，他对那些人和事是有看法的。但是，当时的情况不容许他改变什么，看法只能作为看法而已。

在乡政府上班不比在生产大队，冯积岐的视野自然开阔了许多，生活面也得以拓展。他了解生产大队干部的为人处事、生活做派，也了解乡镇机关干部层面那些人的生活状况和生存状态，丰富的创作素材也便源源不断地从生活中流出。作为经验性写作的作家，经历、体验便是第一手材料。他做事认真，工作从不敷衍了事，即使对于有看法的工作，他也是投入其中。他很清楚，一个作家，在生活中认真生活，保持生活的热情，就当是体验不同的人生状态，对于写作是大有裨益的。

在冯积岐工作的那一间小房子里，在他的写字台的右上方贴着手片大的字条：寂寞为乐。他把一天二十四小时分成两半，早晨五点起床到晚上六点交给乡政府的正常工作，晚上八点到凌晨两三点才属于自己的创作时间。晚饭后，抽两根劣质纸烟，关上房门，便坐下来开始写作，一年四季，几乎天天如此。他在离开乡政府的那一年，发觉自己写作的书桌下面竟然堆积了一个小土堆，大概能拉半架子车的土，那是他写作时双脚自觉不自觉地蹬在墙上蹬掉的土。看样子，他几乎把一尺多厚的墙快蹬透了。夜阑人静，整个乡政府还在酣睡中，冯积岐抽着烟，烟雾缭绕中，他奋笔疾书。他听不到对门住着的线路员两口偶尔的欢娱或吵闹，有时候会被一阵敲门声惊醒，那是吵闹高潮过后余愠无处发泄的线路员老婆来叫他评理的。此时的冯积岐整个人陶醉在写作的快乐之中，外界于他很远很远。

冯积岐一边工作着，一边写着他的小说，在乡政府，乃至整个岐山县几乎没有人和他探讨写作、谈论读书，他一个人像黑夜里行走的旅人，苦苦地摸索，安静而孤寂地写着。1984 年至 1985 年两年间，他几乎没有作品发表，以致他越写越焦虑，越写越痛苦，他不知道自己的问题出在哪里。他的周围虽然有四十几个乡镇干部，但没有一个人是他可以去交流的对象。他觉得，他只是孤单的一个人，在进行着一个人的斗争，与文字的斗争。这种精神上的孤寂，没有人能够理解。那时候，他精力充沛，身体尚好，一天工作兼及写作十六七个小时，也不会觉得累。

1986 年，一个偶然的机会，他认识了在宝鸡市机务段上班的青年作家刘谦。他们一见如故，交谈一开始，便有许多的话题源源不断地在两个人之间展开。礼拜天，刘谦从宝鸡赶到岐山和冯积岐彻夜聊天，谈读书，谈写作。朋友之间惺惺相惜，刘谦为人直率，坦诚，而且桀骜不驯，品性与他相类。冯积岐也多次到宝鸡和刘谦交流，他和刘谦成为初学写作过程中邂逅到的最好的朋友。在不见面的日子里，两个人便通过书信交流。

在 1987 年 10 月 19 日的来信中，刘谦感慨："今日之文坛，是别人之文坛；今日之艺术，是没落之艺术，小摆设、小花草，小小纤细于人生于历史无补，艺术之真品少。兄为文有术，笔力酣畅，大有指望。请兄多努力！兄若能将文章写得多彩多姿一点，恐要成大家了。兄今之文，太单，瘦骨若枯。此弟愚见，不知对否？"

1988 年 8 月 7 日，刘谦给冯积岐写信说："艺术是一项长期的修养，我会以全部心血去拼命磨炼的，但这大约需要 3—5 年的功夫。读书、思索、练笔……寻路是艰难的，但有意义。请相信自己的赤诚。赤诚会开出奇迹之果。"

刘谦在多次来信中谈到当下的社会现状，谈民族精神的重建，谈传统和现代的关系，谈小说的叙述、结构和语言，两个人无话不说，相互批评，相互指点，相互鼓励，相知相交的友情一直持续到了今天。

1983 年，冯积岐发表处女作《续绳》，《延河》杂志社就此篇文章配发了一篇小评论，评论中说："作者仅仅捧起了农村生活这个汪洋大海中的一朵小浪花，娓娓动听地给我们讲述了一个既平凡又生动、既含蓄又深沉，发人深思的、有关友情的故事。"从写第一篇小说起，冯积岐就显示出不凡的才赋。如肖云儒和李建军所说：冯积岐的路子是对的，他走在一条正道上。从 1983 年发表第一篇作品到 1988 年冯积岐离开乡政府那五六年间，冯积岐发表的作品数量并不多。冯积岐从一开始写作，关注的就是农民精神上的痛点。他作品共同的特点是：着力表述道德与人性的冲突，着力表述农民在变革中人际关系的变化、情感变化以及伦理变化。在中篇小说《地下水》中，冯积岐用“地下水”暗示有一股暗流在涌动，这种暗流的力量是强大的——尽管，它们只是渗透，但不可小视。这股暗流就是生活负面的影响，是道德的缺失，欲望的泛滥。冯积岐敏锐地捕捉时代的变迁、农民心理的变化。在早期的写作中，冯积岐坚持现实主义的创作原则，用白描的手法展示生活。他从一踏上写作之路，就十分讲究语言，追求语言之美、之强力。1987 年，冯积岐在省作协第一次见到李国平，李国平对他说，他第一次拿到《舅舅外甥》一看，作品中有一句“挖了他一眼”，一个“挖”字用得不凡。李国平还说，他一看那句话，就知道，作者是有才华的。

冯积岐在乡政府工作了六个年头。那六年里，冯积岐用 1800 多个日日夜夜的苦熬给他的写作奠定了坚实的基础，也给他的人生积累了一笔丰厚的财富。

1988 年，吴克敬连续四次给冯积岐写信，鼓励他去报考西北大学中文系第二届作家班。当时，冯积岐很犹豫，主要是家里的情况让他无法做出决断，两个儿子一个上初中，一个还在小学，七亩多地需要作务，父亲年老体弱需要照顾，一大堆问题摆在冯积岐面前。他何尝不想走进省城去读书，而且是专业学习写作，这对于他是难得的机会，简直是上天的赐予。伴随着无数个无眠的日子，他想通了一个问题，那就是：机遇不可失去。他要紧紧抓住生命中难得的机会，克服生活中的一切困难，他更感念于吴克敬对他的关注与支持。最终，他做出了报考西北大学作家班的决定。肖云儒老师得知，西北大学中文系作家班第二届招收学员，便很快给冯积岐寄去了报考表，并写信叮咛：一定要走出岐山去省城里，那里有浓厚的文化氛围，是一方写作的自由天地。冯积岐觉得，肖云儒老师对他的期待是出自肺腑，他从内心里感激。他决心已定：去省城。

新的更精彩或者更为艰难的生活，即将在冯积岐面前拉开幕布，等待他的将是什么呢？

第十一章　在陕西省作家协会

1988 年 4 月的一个周末，北郭乡政府除了一个值班的人就剩下冯积岐自己。院子里静悄悄的，冯积岐收拾起来的行李箱只有一个旧的纸箱子，里面除了一床用了五年的被子外，就只剩下几件换洗的衣物，当然，还有陪着他将近十年的那辆自行车。他没有给任何人说，他要去哪里或者去干什么，他只是请了一个月长假，找了一个较为合理而且能够让书记相信的理由。就那样，冯积岐离开了他工作了五年多的北郭乡政府，坐上了去省城的长途客车。

冯积岐这次去省城有两个目的：一是《延河》杂志社徐岳老师邀约冯积岐去省作协和他一起创办《中外纪实文学》。徐岳老师认为，冯积岐是他需要的最佳人选，他需要编辑，需要冯积岐这样的青年人才。二是肖云儒老师和朋友吴克敬多次鼓励冯积岐报考西北大学作家班。冯积岐知道，进作家班要考《文学概论》《古代文学史》和政治等科目。因此，他选择进城也是为考试做准备。

一个春光明媚的日子里，冯积岐怀着既兴奋又忐忑的心情走进了位于西安市建国路的陕西省作家协会大门。虽然，冯积岐不是第一次走进省作协。但是，在他的心目中，省作协是一个神圣的地方，每一次走进那扇大门，他都会不由得产生一种崇敬感、庄严感。到了省作协，冯积岐才知道，徐岳老师要创办的杂志还在最初的运筹阶段，杂志社在当时还是一个空架子。即便如此，冯积岐还是坚持他的想法：一边在杂志社打工，一边读书，准备下半年报考西北大学作家班。

他不知道，他这次走进省作协能待多久，为了北郭乡政府领导不起疑心，为了那一份每个月四十块钱工资的工作，冯积岐只好两头跑，在西安待上一段时间后，又回到乡政府上几天班，这样来来回回两头跑的日子持续了将近半年时间，直到他考取了西北大学作家班，拿到了西北大学作家班的入学通知书，才结束了那段在两个单位间穿梭奔波的日子。

当他真正要离开在乡政府工作和生活、睡觉和写作的那间小房子的时候，许多的不舍和留恋从他的心底划过，一丝淡淡的忧伤写在他浓密的眉宇之间。看到墙角那一纸箱子发出去又被退回来的小说稿子，他心里五味杂陈，他将那些写废了的稿纸搬到院子里的墙根下全部烧掉，然后默默地离开了北郭乡政府。他要走进省城，去开拓自己新的人生。在乡政府五年的日子将成为他人生的底片永远保留在内心深处，成为他写作的背靠点，像村口的那棵永远护佑着陵头村村民的白皮松一样，根植在冯积岐的人生中。

紧张的备考迫在眉睫，在徐岳老师那里打工是当时唯一的安身立命之所。考试前，他住进了初中的同学王星昌的办公室。那时候，王星昌在陕西师范大学政教系教研室任主任，有一间宽敞的办公室。冯积岐住进去以后，为了迎接考试，他白天趴在桌上做题，晚上，在陕师大操场上一圈一圈地转着，一边背诵着唐诗宋词。

1988 年 9 月，在苦熬了几个月后，冯积岐如愿考上了西北大学中文系作家班。拿到入学通知书的他很是快慰，旋即，他的高兴又被筹措学费的煎熬取代。徐岳老师当然知道冯积岐在经济上的窘迫状况，他二话没说，从编辑部给冯积岐拿出学费给予资助。第二年，和冯积岐一起在《中外纪实文学》杂志做编辑的刘谦也考进西北大学作家班，也是编辑部给拿的学费。

冯积岐的人生几乎注定了要在艰难中前行。他的肩上压着三副担子：一是家里有七亩六分责任田要作务，一家四口人要养活；二是要应付学业；三是要采访、写稿，写小说。他的人生之路不是像别人一样按部就班地向前行走，而是要迎着风雨，在泥泞的道路上不断地跋涉。

《中外纪实文学》杂志是一份内刊，没有编制，没有经费，没有办公场所，连一把剪刀也要徐老师自己掏钱去买。冯积岐到了省作协以后，面临的最大难题就是吃饭和睡觉，作协没有职工食堂，也没有宿舍，冯积岐只能在街道买饭吃，晚上在《延河》杂志编辑部的办公室支一张行军床凑合。他在《延河》编辑部王观胜的办公室里睡过，在王愚老师的办公室里也睡过。有时候，天已经黑了，他还不知道，那个晚上在什么地方安顿自己那副单薄的躯体。他记得最清楚的一件事是：1989 年春节过后，大概是正月十八日，新年的余韵依旧在乡村萦绕，冯积岐离开父母妻儿，赶到了编辑部上班。徐岳老师给他说，肖云儒老师在南郊有一间办公室，晚上就去他那里睡。晚饭前，冯积岐拿上了徐老师给他的钥匙，用自行车推着从老家带来的那床旧被子，找到了肖老师的办公室。打开门的一瞬间，他立时傻眼了，办公室里有一张办公桌，一张凳子，两个短沙发，一股清冷清冷的空气扑面而来，显然那个屋子好久没人住了。他将自行车推进去，解下被子放在办公桌上。办公桌太短，无法伸开腿脚睡；他又把两个短沙发拼在一起，还没有办公桌长，也是没法睡。他只好将被子铺在了地板上。正月的天气，气温还在零下。他试着躺下来，脊背上仅有的热量被冰冷的水泥地板全部吸走，冻得他在被窝里瑟瑟发抖，他只好爬起来，蹲在两个短沙发上。这时候，他开始闹肚子了。楼房里没有厕所，厕所在三四百米以外。跑进厕所，蹲一会儿，回到房间，还没有坐稳当，肚子又开始闹。一个晚上，不知跑了多少次，直到凌晨三四点，困乏得要死，蜷缩在沙发里迷糊了一会儿天就亮了。第二天，回到省作协，他只是给徐老师说，肖老师的办公室没有床，没法睡。个中的细节，他只字未提，徐老师说，那就算了，再另想办法。

在西安生活，没有钱是不行的，不解决经济问题，就无法在那里待下去。很巧，第一届作家班的吴克敬采编一本报告文学集子，当时正缺写稿子的人手。徐岳老师这边的杂志还在筹办，许多工作还未展开。冯积岐与徐岳老师商量后就跟随吴克敬去了宝鸡市，给宝鸡卷烟厂、宝鸡啤酒厂等几个大企业里的厂长经理写纪实性的文章，冯积岐出手很快，给吴克敬主编的那本书里写了四篇文章，吴克敬付给他一些稿酬，解决了他的燃眉之急。

挣了些钱，冯积岐又回到省作协，他和徐岳老师开始筹备《中外纪实文学》杂志的第一期稿件。他依然为每天的吃饭和睡觉煎熬着。

杂志办起来之后，面临诸多难题，徐老师觉得冯积岐和他两个人还是人手太紧张了，他让冯积岐再推荐一个年轻人。于是，冯积岐写信把朋友刘谦从宝鸡叫来。刘谦才思敏捷，激情饱满，快言直语，写东西也快，他们两个和徐老师配合得很好，徐老师也视他们如弟子如亲人。只是，住宿依旧是问题，冯积岐曾经和刘谦在三尺宽的行军床上凑合过几个晚上。后来，经过徐老师和省作协领导交涉，在《延河》编辑张艳茜宿舍对面的平房中给了杂志社一间房子，冯积岐和刘谦就在那间房子里住宿、编稿、校对。后来，又来了张世晔，三个人挤一间房，虽很逼仄，但是，总算是有了安身之处。

西安的酷夏是很难熬的，夏日的晚上，冯积岐和刘谦骑上各自的自行车，出了北门，一直骑到龙首村北面的麦地边，把自行车撂倒在地头，两个人坐在土塄上，抽着劣质烟，谈文学、谈人生、谈过去、谈未来，午夜一两点才回到省作协。那时候，北关正街的路很窄，灯光昏暗，有一天晚上回来时，他俩骑着自行车，他一不小心竟然摔倒在没有井盖的井口上，幸亏，只是腿擦破了点皮，没有大碍。

办公地点搬到省作协前楼的三楼上，三伏天的太阳晒透了房顶，房子里如蒸笼一般。晚上，冯积岐和刘谦就将凉席铺在地板上睡觉，一个小台扇搁在头顶的办公桌上彻夜不关，还是无法安睡。有几个晚上，实在热的不行，冯积岐、刘谦和路遥、王天乐、姚逸仙几个人上到了楼顶，彻夜闲聊，以打发酷热难耐的漫漫长夜。

在那七年里，冯积岐把建国路上，从东门外到尚勤路、尚俭路上的小餐馆都吃遍了。每顿饭前，他就开始发愁，不知道吃什么，吃饭成了他的负担。为了省钱，每天只能吃扯面、蒸馍。时间一长，一闻到扯面的味儿就恶心。徐老师多次劝冯积岐自已做饭。但是，他确实不会做饭。偶尔在炉子上给自己下一碗挂面，扔两棵小青菜，调得饭不是盐淡就是醋酸。况且，他又是一个情绪化的人，端起饭碗，吃两口没味道的面条，心里就十分难受，面端在手里无法下咽。实在馋得不行的时候，他就去徐老师家里蹭一顿饭。有一天，冯积岐去李星老师家里蹭饭，李星老师下厨包饺子。那一顿，他吃得特别香，特别多。下楼后，他才想起，李星老师一家五口人，他一个人吃了他们两个人的饭，他们一家怎么办。多年后，他把那次蹭饭的经过写了一篇散文，发表在一家杂志上作为永久的记忆。他在姚逸仙家也多次蹭过饭吃，刘谦也在姚逸仙那里蹭饭吃。那时候，陈乃霞在省木材公司上班，一次，冯积岐给陈乃霞打了个电话，骑着自行车跑到了几十里以外的十里铺，在陈乃霞那里饱咥了一顿。

在省作协七年的打工生涯，生活无处搁置，尚且能够凑合下去，农民的自卑、在作协干部眼中的土包子的状况，曾一度使冯积岐产生返回农村重新种地的念头。徐岳老师把这一切看在眼里，他多次鼓励冯积岐坚持写作，坚持在省作协待下去，相信总会有一天解决工作的问题。冯积岐很努力，他也想通过自己的奋斗，通过拼命写作成就自己，能够进入体制，生活能有保障，老婆孩子能够依靠他生活下去。可是，等待是无尽头的，努力也看不到应有的回报，他常感觉身心悬浮在农村和城市边缘，漂浮在西安这座省会城市之外，灵魂和肉体备受摧折。他总觉得，这座城市是别人的城市，街道也是别人的街道，城市里的繁华热闹与他毫无关系。在这里，他是没有根的，只是飘忽不定的一叶浮萍。为此，他常常感觉郁闷，痛苦，不只是没有进入体制的问题，也不只是没有一份固定工资的苦恼，他感觉自己不是一棵树木，而是一片树叶，随风飘零的秋叶。那种悲愁给他强烈的刺激，他仿佛又回到了“文革”十年间，一种无依无靠的孤独感挥之不去。

无奈的他有时候也会借酒浇愁。一次，冯积岐和姚逸仙去作家班的同学庞一川家里蹭饭，庞一川的爱人准备了丰盛的酒席，冯积岐当场喝得大醉，不省人事，他不知道自己是怎样从东关回到省作协的。第二天，他昏睡了大半天。喝一场酒，如同患一场病，他的胃会难受好几天。几天之后，他还是会酗酒，醉酒后在地板上把手掌拍得肿胀，任两个人也拉不住他，他痛苦至极。

几年以后，冯积岐读到了一个美国人写的《威廉·福克纳传》，其中对福克纳做了这样的描述：福克纳虽然有足够的自信，可是，他写了几年，好多作品依旧没有发表或出版，福克纳很憋闷，同时，他和妻子的感情也有了问题，于是，他常常酗酒。一次，全美作家在一起开会，福克纳虽然到会了，但他一次也没去会场，而是整天喝酒，以至大醉。他脊背靠在宾馆里的暖气片上，灼伤了肉体，连骨头都露了出来，差一点儿要了命，在医院里躺了几个月，身体才逐渐恢复。读着这样一位伟大作家的传记，冯积岐十分感慨，他知道，酒，不能拯救一个作家，只能麻醉片刻。

在隐忍中煎熬着的日子里也有愉快且灿烂的一页。省作协浓厚的文学氛围给了冯积岐坚持下去的勇气，文学成为他精神的依傍、灵魂的家园。每天晚上，他与路遥、王天乐、王观胜和董德理老师在他的住处谈文学、谈写作、谈当下的创作态势，海阔天空，天南海北，一聊就到凌晨两三点。有一天晚上，他们聊到很晚，肚子饿了，姚逸仙回家里端来一碗腌萝卜，拿一瓶白酒作为夜宵，他们一人一根萝卜，一杯白酒就着，又继续畅聊下去。1989 年夏天特别热，冯积岐和路遥、王天乐、姚逸仙就上到作协的楼顶上聊天，困了，就拉来几张凉席在楼顶上睡觉。七年里，前辈们在他面前树立了文学的灯塔，与老师们和作家班的同学探讨文学，点亮了他生活晦涩的角落。同时，他读了许多文学书籍，读茅盾的《林家铺子》《子夜》，以及鲁迅、沈从文、张爱玲、许地山和沙汀、张天翼的作品，等等。外国作家的作品给他的读书生涯打开了一扇天窗，从读契诃夫、莫泊桑的短篇小说开始，他又读了梅里美的中短篇，欧·亨利、爱伦·坡、吉卜林、乔伊斯的短篇和海明威、福克纳、斯坦贝克的短篇和长篇小说。

1990年6月8日的下午，冯积岐在学校刚考完试，就急匆匆地赶去火车站准备坐火车回岐山。正是割麦子的时节，家里有一半是坡地。一般情况下，六月四五号就开始搭镰收割了。他虽然人在校园，心里自然无法放下家中的责任田。而且那时候，麦客也很少，七亩六分麦子要他和妻子一镰刀一镰刀去割。夏收是龙口夺食，耽误一天，一场连阴雨就会使麦子在地里生芽。学校考试的时节正是收麦的日子，两头都不能耽误。坐在考场上，他心急如煎。考完试的时候天色已晚，他匆匆忙忙在学校的食堂里吃了饭，赶到火车站已是八点多了，他踏上了去蔡家坡的火车，车到蔡家坡火车站时已是晚上十二点。那个时候，早就没有去岐山的客运班车了。还有十八公里的路程，怎么办？急得他在车站外转圈圈。这时，来了一辆摩托车，他不问价钱，说去岐山，坐上就走。摩托车刚上塬，天色大变，开始电闪雷鸣，司机犹豫不前，他只好不停地鼓动司机，摩托车总算开到了岐山县城外，此时，雷声大作。司机一步也不肯向前走了。司机担心：雷雨来了，自己可怎么回去。冯积岐能体谅司机的为难，他给了司机十五块钱，下了摩托车，一路小跑，往家里赶，一口气跑了七八里路。炸雷仿佛在抽打着大地，偶尔有豆粒大的雨点迎面打来，他跑得气喘吁吁，满头大汗。当跑进村里的时候，打麦场上还是灯火通明，全村人都还在打麦场上垛麦子。

冯积岐六七岁的儿子站在麦垛子上面，妻子在下面用谷杈费力地向麦垛子上撂麦捆。儿子毕竟太小，不会垛，妻子撂几捆之后，一边指导着儿子怎么垛，才不至于倒塌。妻子竟然还瘸着一条腿。后来，妻子告诉冯积岐，她不小心，忙乱中踏上了铁叉，让铁叉根部的铁柱儿几乎把脚戳穿。妻子连医疗站也没顾得上去，自己用纱布简单地包扎了一下，此情此景，冯积岐的眼泪在眼眶里打转。他搬来木梯子，让儿子从麦垛子上下来，妻子上去垛，冯积岐用谷杈在下面向上撂麦捆子，在下面需要有力气，不然麦捆子是撂不上去的。垛好麦子，已是凌晨两点左右。雷声还在远处作响，庆幸的是雷雨没有来搅局。

在家里收割完麦子，冯积岐又回到了西安。

冯积岐在省作协的那几年，刘谦在《积岐小记》（刊发在 1991 年 3 期《小说评论》杂志）中做了记叙：

许多日子的黄昏，我总看见积岐一个人把自己的身影消瘦而孤独地悬浮于都市之喧哗上，痛苦地冥想。每次看见这个情景，我总感到心中隐隐有锥刺之痛，有无限悲凉。我无法猜破他当时的心态，亦无法直译那只属于上帝的人生奥秘。但黄昏中，都市里，一个孤独痛苦的单身男人之宁静和安详所传导出的人生信息，总让我深感不安和愧疚。

积岐是那种忧郁得让人一见便想大哭的男人。他的忧郁痛苦，使人一见他便会生出些许宗教般的情愫。一个男人，一个需要养家糊口的农民，在那样的时候，却又坚守着心底的圣地，表现出那样的宁静与超然，他内心的意志力是多么地坚强！他在痛苦地挣扎着一切俗世的虚华，在一片厚重的黄土之中寻觅一种属于上帝的、达于茫茫彼岸的途径。他就像他们村口那棵百年老树，静静地面对着喧哗的生活，偶然清幽地淡笑。那淡笑洗净了全部痛苦与欢乐的乳色汁液，成色纯净、平泊。

一起读作家班的同学王天乐对他当时的状态的概括与刘谦对他的评价和感觉相仿：一看见冯积岐，他就想大哭一场。事过多年，张艳茜说，有人来作协找冯积岐，问冯积岐是哪一个。她说，就是脸上忧郁得能拧下水来的那一个。冯积岐记得，他发高烧，在王观胜的办公室躺了一整天，体温大概上了三十九度，人都迷糊了。张艳茜推开门，问他咋了，他说，发烧。张艳茜回到家，给冯积岐拿了几片退烧的药，冯积岐服过后，出了一身汗，才轻松了些。那几年，即使有病，他也上不起医院。几十年后，他常常念起，王观胜、姚逸仙、张艳茜对他的体谅和帮助。正是这些文学上的同道成全了他，让他坚定了自己的路，更执着于文学。

作家班毕业后，冯积岐面临就业的问题，他看不到出路，心情更糟。徐岳老师用尽了他的所有关系，也没有给他联系到工作，而留在省作协的可能性几乎没有。为了他的工作，徐老师也很发愁，包括王观胜，也为冯积岐的工作着急，只要在一起的时候，他们就不断地安慰冯积岐。此时的冯积岐特别失望，而且他此前的抑郁症已很明显。他自己清楚，那些忧郁症患者病情发作往往在一瞬间。也许，吃饭时还是好好的，安安静静的，放下碗筷，就会从高楼上跳下去。生活中，那样的事例不少。徐岳老师当然不知道，冯积岐在年轻时曾有过自杀的念头。他曾不知道如何搁置自己，当他回到岐山的时候，就不想去西安，他总是问自己，到省作协去干什么？自己又算什么？而到了省作协，他又不想回岐山。他想，回到岐山，怎么面对父母亲和妻子儿子。他每次回岐山的时候，徐岳老师总是把他从作协大门送出去，送到大差市，徐老师一路走，一路宽慰冯积岐，还要眼看着他上了去火车站的公交车才回去。事过多年之后，冯积岐想起那一段，感慨颇多，他甚至想到，徐老师当时担心他抑郁加重后于一瞬间做出意想不到的事，对他负有一份难言的责任吧。

到了1992年，冯积岐已在省作协五个年头了。初秋时节，他回到了岐山，住进了距离陵头村只有三里半路的周公庙去写长篇小说，他的长篇小说《沉默的季节》的初稿就是在那里完成的。

农历十月初，冯积岐又回到了省作协。徐老师告诉他，在汉中给他联系了一个工作，问他愿不愿去？他说，只要能解决身份问题，哪里都去。几天后，他只身去了汉中。

那是一家大商店，刚去那几天，也没事干，商店的负责人就叫冯积岐帮着去卸车上的货物。出身农民的他，累和苦在他眼里根本不算什么。等货物送来了，他就向库房里扛箱子，扛包子，干了几天。西部交流会在汉中举办，商店在广场上搭了一个棚子卖货，晚上，他睡在棚子里看管货物。两天之后，下起了秋雨，一连几天，绵延不停。天气渐凉，晚上，他睡在窄小的简易床上，听着秋雨凄凉地打在帆布棚上发出流泪似的声音，他的内心埋藏着一种难言的苦楚，有一种被生活所左右、所逼迫的压抑和痛心。他心想，自己怎么混到这步田地了，为了能得到体制内的一个工作，付出的自尊和尊严，他觉得，他不值，还不如回家继续当农民。雨停之后，他毫不犹豫地决定回西安，临行前他给徐老师说，自己不想在汉中待了。徐老师说，回来也好，听说作协快要换届了，换届以后，看你的工作有没有希望。那时候，刘谦已经回到铁路系统工作去了。冯积岐还坚持在省作协。那个冬天，路遥和邹志安相继去世，冯积岐跟着忙了几天，春节前，他又回到了岐山。

1993年6月，省作协换届结束以后，徐岳老师担任了《延河》杂志主编。王观胜负责《中外纪实文学》杂志。冯积岐的心情渐渐好了。经过徐老师的努力，他的工作问题被提到了省作协党组的议事日程。

冯积岐说，1994 年夏收过后的一天，陈忠实老师带着他进了省政府大院，找到了当时的人事厅厅长邓理。邓厅长对陈老师很尊敬，他给陈老师泡茶让座。陈老师坐下只说了几句话，他说：“这个小伙子叫冯积岐，小说写得很不错，为人也好，总之，是很优秀的，能不能给解决一下干部身份问题？”邓理厅长当即就把冯积岐的名字记在了他的台历上，然后他给陈老师说：“你放心，我们研究。”陈老师没有再多说一句话，他们总共在邓理厅长那里只待了几分钟就回去了。省作协党组副书记赵熙亲自起草了关于解决他的干部身份问题的报告，上报到了省人事厅。

到了 1994 年 8 月份，省人事厅的一纸红头文件发到了省作协，冯积岐被“特招”成为体制内的一名干部。七年的努力，他终于进入了体制，解决了身份问题。

1995 年元月份，冯积岐正式成为《延河》杂志编辑，开始领上进入体制的第一个月工资。

2

在省作协的七年间，冯积岐虽然面临多重压力，可他一刻也没有放松读书和写作。即使每次在回家的火车上，他只要能找到座位坐下来，就拿出随身带的小本子开始写作，火车上的嘈杂与火车的嘶鸣都似乎与他无关，不会影响到他的思路，等火车到蔡家坡站的时候，一篇散文就完成了。

1989 年，他的短篇小说《午间》发表在《中国西部文学》第一期。《夏天到秋天》发表在《延河》第十一期。

1990 年，短篇小说《丈夫》发表在《清明》第六期。《乡政府人物》发表在《中国西部文学》第五期。

1991 年，他的短篇小说《麦子地》发表在《延河》第一期。《戏子》发表在《岁月》第一期。《一夜无月光》发表在《山花》第六期。

1992 年，冯积岐没有发表小说。

1993 年，他发表了一个中篇、三个短篇：中篇《烟尘》发表在《天津文学》第七期，引起较大的反响。三个短篇分别是：《雨雨》发表在《北方文学》第四期。《想起那一天颤悠悠》发表在《五月》第四期。《不动感情》发表在《延河》第三期。

1993 年，冯积岐拆掉了家里原来的四间土厦房，新盖了两座大瓦房，他做好了回老家的物质准备——假如在西安无法落实工作，他打算回家乡以写作为生。他想把家里的环境改善得舒适安逸一些，便于写作。

1994 年 11 月初，冯积岐回到岐山，住进了新盖的大瓦房。他记得，那天是一场小雪刚刚下过，院子里落了一层薄薄的鸡爪雪，空气清新而冰凉，村庄里恬静安详。冯积岐在新房中开始写作，他一点也不觉得冷，一口气写了七天，六篇短篇小说写成，先后发表在《人民文学》《延河》等杂志，其中的《短暂失明的唢呐王三》作为名篇被《小说选刊》转载。七年间，他写了二十多万字的小说和散文。

从 1994 年起，冯积岐的小说创作显示出喷发的势头。这一年，他发表了十五个中短篇小说。发表在 1994 年《延河》第一期上的三个短篇小说是：《烟》《断指》《一种生活》。中篇小说《我的农民父亲和母亲》发表在《朔方》第十期，后被《小说月报》杂志 1995 年第一期转载，这篇小说至今被评论家看好，读者也很喜欢。

从 1993 年开始，冯积岐的小说创作进入了一个新的阶段。那一阶段的小说，大致有这么几个特点：一是，冯积岐已经从写作人际关系入手，揭示新时期人际、伦理道德的变化转变为从人物性格的多面性、复杂性切入，揭示人性的缺陷，甚至难言、隐秘的一部分。他笔下的人物不再是《舅舅外甥》《豹子下山》《日子》等篇章中那些性格比较单一的人物了，他对人物不仅仅只是道德判断，而且是努力地从人性层面去开掘。二是追求现代主义小说技法，使作品具有现代主义意味。作家张夏放在评价冯积岐那个阶段的小说时，写道："小说味在冯积岐的小说中表现为鲜明的叙述个性，包括叙述视角、叙述语言、叙述结构诸方面的独具匠心。也就是在'怎么写'上，冯积岐显露出独特的个性，有一种小说本体意义上的追求。在'写什么'上，冯积岐也有更深的挖掘，使得他的小说有一种内在的东西，避免成为一种文字游戏。"他不再坚守再现现实的现实主义原则，而是极力表现他对人性、对时代、对人生的独特的理解，或荒诞、或象征、或暗示。图像、色彩、气味、人物构成了他的小说景观。比如，他的短篇小说《烟》，写的是性的压抑，作为性象征的木棍、炕眼，使读者想起的是弗洛伊德关于性的学说。冯积岐写出了人性本质的存在。开始的时候，他的小说用全知全能的第三人称叙述，显得客观、冷峻、深刻；主人公回到公社以后又转入第一人称叙述，使小说的叙述丰满充实，作品有了跌宕起伏。短短六千多字的小说中，叙述视角的转换，强化了艺术感染力。《断指》的写法很含蓄，小说一开始悬念重重，到最后断指跳跃，出现了荒诞的场景，依然给人半隐半现的悬念，现实和荒诞水乳交融，不露痕迹。《一种生活》的喜剧色彩传达出了人性的麻木和无奈，读后使人欲笑无声，欲哭无泪。冯积岐这一时期的所有小说都写得很平静，很客观，甚至很泛，很淡，淡到了虚无。这种淡化与内涵的深刻形成了叙事上所说的结构上的张力，使小说充满意蕴，充满味道，充满张力。三是冯积岐开始构建自己的小说舞台——松陵村。冯积岐笔下的松陵村和沈从文笔下的湘西、莫言笔下的高密东北乡没有二致。它不仅仅是一个舞台，一个小说空间，一个人物的活动场所。它是冯积岐小说景观的一部分，它不仅仅具有地理上的意义，不仅仅是一个文化符号。冯积岐试图告诉读者，在松陵村这个虚构的村庄里生活的人们，既是松陵村这个特定环境中的“典型”，也具有普遍意义。如福克纳笔下的约克塔法纳帕县，如福克纳所说，那是自己创造的一个“王国”。

冯积岐在省作协干临时工的那几年，既艰难、尴尬、窘迫，他又坚毅、顽强。他在不时地动摇，又不断地坚定信心，一心一意投入创作。他记得，有一天去街道办事，东新街一家饭馆的门口围了好几十人，这样的情景在农村经常可见，两家人打架或谁家一头猪跑了，都会围上来一群看客，对此，他早已是见怪不怪了。在城里还会有什么稀奇的事发生呢？于是，好奇心的驱使，他挤进人群，看到一个老板模样的人手里举起一个条凳正砸向一个小伙子，小伙子在地上滚来滚去，扯着嗓子号叫着，声音已显得异常嘶哑。在小伙子身边扔着一个断了腿的圆凳，显然是已经被打坏了的凳子。此情此境，竟然没有一个人上前制止，只有几个人在人群中小声说：“快别打了，小伙子快被打坏了。”冯积岐感觉一种无法抑制的愤懑填满了胸腔。他二话不说，冲进人群，一把攥住了那个看似老板的打人者的手腕，那人手中的凳子霎时悬在了半空中，显然是被突然出现的情况震住了，他瞪着快要凸出来的眼珠子，与冯积岐这样一个不速之客僵持了几秒钟，空气似乎在那一刻凝滞。冯积岐一句话也没说，那个人举着板凳的手渐渐委顿下去，最后撂下了凳子，扬长而去。如果不是冯积岐出手，那个小伙子肯定被打坏或者打死。那一刻，现场围观的人群紧绷的神经开始松动下来，并指责那个打人的人下手太狠，一个打工的孩子也不放过。回到家里，冯积岐将在省城遭遇的事情给妻子讲述了一遍。妻子说："你也太胆大了，人家当时如果给你当头一凳子，还不把你打倒了？那些人你也敢惹?"冯积岐说："我不能眼看着有人被欺负，我的气势就把他震住了。"后来，冯积岐写了一篇散文《后怕》。事过后，他从内心感觉害怕了，因为当时那个人如果与他硬碰硬，他肯定打不过那么大块头的老板，可是，正是他的正气，让那个恶人畏怯了。他明白，一个人只要有正气，就有定力，有胆量。一个麻木、冷漠的作家一定写不出有分量的作品。

一个作家的个性决定作品的个性，作家人格的力量决定作品的高下。冯积岐看似羸弱的躯体，却包裹着强大的内心。他正直、勇敢，嫉恶如仇，敢于担当。在一个竞争如此激烈的时代中，他极力地保持着自己的人格和尊严。一次，他和朋友马福林在西安市东关散步，两个人聊得正欢。突然，一个城管模样的人冲到他们面前，张口就要二十元的罚款，并且一口咬定他们其中一个人吐痰了。但是，他俩谁也没有啊！眼看一场争执就要展开，马福林为了息事宁人，尴尬地笑了笑，准备掏钱走人。马福林掏出的二十元钱被冯积岐给拦了回去，而且，他开口呵斥城管，据理力争。冯积岐的厉害让城管人员一时懵了，随之就服软了。城管看到这是个不易罚到钱的主，很快灰溜溜地走了。城管走后，马福林很是诧异，他没想到交往多年的冯积岐——这样一个文弱书生面对不公正，毫不示弱，竟然如此勇敢。冯积岐说："不是罚多少钱的事，城管虽然是执法，但是也不能随意欺负人嘛，这是有关人的尊严问题。"

冯积岐做人的正气处处渗透在他作品的字里行间，小说中的主人公身上总是会体现出一股撼动人心的正直的力量。走进他的小说世界，分析人物性格，似乎都能找到冯积岐这样一个原创者的影子，再次领略到他独特的个性。

第十二章　从沉默到逃离

沉默饱含着焦虑与无奈，既是对世事的无能为力，也是一种无声的反抗。冯积岐的沉默属于前者，抑或兼而有之，当他选择与现实对抗保持清醒与独立的时候，他感觉到的是自己的无助，于是他选择了沉默，躲进岐山县周公庙里的一隅——当年的程潜别墅，在安静与寂寞中，他用手中的笔抒写心中的故事、成长历程、痛彻感受。他用一种温柔的安抚灵魂的方式，将撕裂的灵魂呈现出来，展示的是那块沉甸甸的土地给他留下的伤痛与希望。正如著名学者方宁所言："他的笔背负着沉重的历史，他用文学思考着人的命运，他笔下的每一个人物，他所写的每一段历史，都有着石头一般的重量。"这是他身为作家所能讲述出来的最为打动人心的故事。

沉默中，冯积岐的日子从笔端源源不断地流淌成一条河，人生之河，生命之河。是的，他在历经了生活的诸多磨难之后，沉淀下来的是沙子还是金子？翻开他的《沉默的季节》，看到的是主人公周雨言的成长，懵懂的性意识是在周雨言与几个女人的纠葛中悄悄成熟的，像他所说的"那一幕只撩开了一个角就被目下的处境淹没了，卷走了"。

1992 年，是冯积岐从西北大学中文系作家班毕业的第三个年头，他仍然没有联系到一份踏踏实实的工作，一份能让他不再考虑生活而能投身写作的工作。他自然最希望的是能留在省作协，可是，现实让他的希望变得渺茫，能否在省作协落实工作无法预知。在此期间，他曾多次想到过，万一不行就回到他原来的工作单位，县广播站站长曾几次邀约他回去上班，他完全可以从起点再回到起点——为了一份工作，他也许只能无奈地接受。面对难堪的处境，他万分焦灼。一方面，他背着家庭的重负，他需要工作，需要赚钱养家糊口。一方面，他不能放弃写作，就算是生活困顿，无以为继，他也要想方设法坚持下去，文学创作是他的生活。何去何从，他一时拿不定主意。他和徐岳老师商量，徐岳老师鼓励他，工作虽然未得到落实，还是不要沮丧，静下心来写作，希望就在坚持下来的最后一刻。回到家里，他思考再三，打定主意，即使是为了写作他也要赌一把。工作未得到落实，极度失望中，他强迫自己拨开盘踞在心头的这些困扰，抛弃掉进入体制的幻想，继续投入长篇创作的准备之中。当时，他对长篇小说创作尚缺乏自信，于是，他去请教正在写《白鹿原》的陈忠实老师。那是一个春日的午后，冯积岐在忐忑中踏进了陈老师的家门，把自己创作长篇的想法和盘托出，希冀能得到陈老师的些许指点。陈老师鼓励他写长篇，肯定了他在写作方面的天分。陈老师说："至于写什么，就看你准备得怎么样，写长篇就像在家盖房子一样。如果你准备的是砖瓦，就盖大瓦房；如果你准备的是土坯，就盖土厦房。"陈老师平平淡淡的几句话给了冯积岐很深的启示：有什么生活积累、人生体验，就写什么样的小说。他下定决心，一定要盖一座漂亮的大瓦房。此后，他充满了自信，真正投入了写长篇小说的准备。

那一年的 9 月初，正值西安的暑热正在慢慢消退，秋意渐浓，冯积岐回到岐山老家。一天，他吃完早饭，包里装上几本稿纸，拿了两件换洗的衣服，走上了陵头村通往周公庙的土路。一场秋雨刚过，空气清新，天高云淡，地里的玉米、谷子散发出缕缕清香。冯积岐用心感受着家乡的土地别于省城水泥地面的温润绵软，心头逐渐开朗，距离陵头村三里半路的周公庙不一会儿就到眼前了。

周公庙内绿树成荫，偶尔从空气中飘过袅袅的香火味，一派恬静安详的气氛。周公庙在当时还没有对外开放成为旅游名胜区，游人寥寥无几。冯积岐踏上通往北庵的石阶，在时任所长王录才的安排下，住进了北庵上的程潜别墅，那是给国民党元老程潜将军任天水行营主任时所修建的一处清幽院落，标准的西式建筑，颇具现代风格，较为讲究。

冯积岐在别墅背东朝西的一间房子里安顿下来，在西北角临窗的案桌上铺开了稿纸，窗外鸣鸟啁啾，他开始创作第一部长篇小说——《沉默的季节》。那一年，冯积岐 39 岁。

进入写作状态，他忘了一切，困扰他的工作之事也被他抛之九霄。他打定主意要写出经得起时间考验的好作品。他觉得，自己比任何时候都清醒，他清楚自己的人生之路是写作而非其他。

时值初秋，周公庙内凉风习习，高大的树冠遮住骄阳，漫步庙内，从姜嫄殿那边偶尔传来香客们还愿燃放鞭炮的声音。每天早晚，他在鸟儿的啁啾中醒来，静谧中能听得见崖畔上千年古柏和龙爪槐深沉的呼吸。冯积岐连续十几天不分昼夜的写作几乎让身体透支，这样狂热的写作状态让他一直处在思绪极度兴奋当中，以至于夜里无法安枕，总是纠结于书中的某个故事情节。对于故事中人物的悲愁他无法释然，身体逐渐有些吃不消了，于是他改为白天写作，不再熬夜。案桌上总是一包烟，一杯茶，还有那陪了他八年的手表依然每天放在稿纸的右上方。一天三顿饭他都在周公庙文管所的职工灶上吃。几个人的灶，很简单的家常便饭。饭后，他便习惯性地坐到桌前，从清早一直写到晚饭前。晚饭后，他总是在庙内走一圈，散散步，作为一天写作之余对身体的调节。一天傍晚，他散步走到庙门前，一个老头子正在路旁割草，他便过去和老头子闲聊起来。从那个老头子嘴里，他第一次听到“撵香头”，也就是“野合”的故事。后来，他根据这个传说，写出了短篇小说《去年今日》，被一些评论家和读者奉为经典之作。无意得之，反而好评如潮。

写作是一件需要耐得住寂寞的事情，是一个人的战斗。庙内的工作人员都知道这个默默无闻的住在程潜别墅里的人是一个作家。吃饭时，大家圪蹴在一起，他们都很好奇，就问冯积岐：“你一个人住在程潜别墅里不害怕吗？”冯积岐淡淡地一笑：“怕啥？我的周围都是庙，庙里供的都是‘神仙’，和‘神仙’在一起，保佑咱哩，还怕个啥？”虽这样说，当时的程潜别墅四周都是窑洞，窑洞里也都供奉着各路“神仙”，但是那些塑像晚上是不能看的，特别是那些罗汉，一个个青面獠牙，甚是威武，也有几分生冷恐怖。

一整天写作，冯积岐躺在床上迟迟不能入睡，看着房子顶棚发呆。顶棚上的老鼠欢呼雀跃，似乎与作家的作息正好颠倒。作家要休息了，而它们却要出来觅食了。静夜里老鼠的叫声特别饱满，尖利，常常把他吵醒。于是，他爬起来，撒泡尿，没了丝毫睡意，于是站在院畔，俯瞰庙内。淡淡的月色给树木敷上一层淡淡的光，一种神秘、遥远的感觉氤氲而至。他再也无法入睡，在床上躺一会儿，又爬起来，坐在桌子跟前，铺开稿纸。

就这样，冯积岐送走了一个又一个寂静的白天和夜晚。有一天，他少年时的一位朋友，当时在宝鸡市公安局工作的纪文林和妻子在庙里碰上蜗居在北庵写作的冯积岐，他们感到很惊讶："就你一个人住在这么大的一个院子里？"冯积岐回答："就我一个。"纪文林又问："晚上害怕不害怕？"冯积岐笑了笑："有啥可害怕的？"他们夫妻两人对冯积岐甘于寂寞的精神钦佩不已，纪文林说："弄大事的人就是不一样！"冯积岐苦笑，无语。他在心里说："我还弄啥大事呢？混到快四十了，连一个领工资的单位也没有落实，这样做不过是在煎熬自己。"送走了朋友，他点上了一支劣质烟，顷刻间，满腹是难言的苦涩加之呛鼻的烟味，他心里五味杂陈。

他不停歇地写了25天，1992年9月26日下午，他给自己苦心孤诣完成的第一部长篇小说《沉默的季节》的初稿画上了一个圆满的句号。

1999年，冯积岐将《沉默的季节》寄到长江文艺出版社。当时，长江文艺出版社的副总编李正武接到作品后经过审读，两个月之内就和冯积岐签订了出版合同。李正武在电话中给冯积岐说，《沉默的季节》是他近年读到的最好的长篇小说。

新世纪伊始，作为陕西作家领军人物之一的冯积岐，他的长篇小说《沉默的季节》出版，立即引起了评论家和社会各界读者的广泛关注。《沉默的季节》再版时，被列入长江文艺出版社的品牌栏目"九头鸟"长篇小说系列。在2001年陕西省作协召开的《沉默的季节》作品研讨会上，著名作家、省作协主席陈忠实说："阅读《沉默的季节》时，我处于一种兴奋状态，这是近年来读国内小说时少有的感觉。《沉默的季节》给我们提供了一个不可多得的研究文学的文本。像这样的文本，不论是在陕西，还是在中国都极为少见，我非常赞赏冯积岐的艺术追求，他已开始形成自己极富艺术个性的艺术气象。作家需要不断地跨台阶，有些作家会窝死在一个台阶上。冯积岐已跨上了一个台阶。这部作品，是我所能看到的当代中国文坛现代派写得较好的作品之一，冯积岐对现代派的艺术技巧运用很自然，其中几个章节很好，可以成为经典。作品的人物也写得相当准确，非亲历不可，这是我期待而很难遇到的人物。"冯积岐已从对生活的体验，进入到生命体验。著名作家、时任西安市文联主席的贾平凹说："冯积岐是个'有关痛痒'的作家，他关注社会现实，有责任感、有厚重感。他不是一炮走红的，是长期积累、实践而达到现在的成就的，而且一直潜心写作，不哗众取宠，埋头耕耘，是个诚实的人，写诚实的作品"。评论家刘建军说："冯积岐的这部作品很有震撼力，显示了作者思想及艺术观念的成熟，应该给予很高的评价。作品揭示了农村人的生活苦难，吸收了西方文学作品的艺术手法，在对西方艺术手法的运用上达到了一定的高度。”

2001 年，冯积岐的长篇小说《沉默的季节》和张一弓、阎连科、熊召政等几位作家的小说一同获得了“九头鸟”长篇小说奖。

2

长篇小说《沉默的季节》从 1995 年脱稿到 1999 年出版历时五年。其间，经历了许多的坎坷，但是冯积岐对他的处女作充满信心，他始终相信他的这部小说总有一天会问世。1996 年的秋天，他已经在构思第二部长篇小说《逃离》了。

1996 年 9 月 22 日，经一个朋友介绍，冯积岐来到了位于秦岭北麓太平乡冉家湾，在那里的西安市工行招待所住下来。这个招待所镶嵌在一座大山的怀抱中，招待所的院畔下是一渠清澈的河水，对面，蹲踞着一脉青山，山上松柏苍翠。正是仲秋时节，整座山里异常安静，招待所里就只剩下冯积岐和几名服务员，几乎没有其他客人。这个悠闲僻静的所在对于冯积岐来说，是个天然的写作佳境。

山里的秋天很快就过去了，气候渐凉，冯积岐离开西安的时候还穿着夏天的单薄衣衫，他埋头写了十多天，就在寒露前几天，温度骤降，天气阴沉，后来还飘起了雪花。他单薄的身体无法承受晚秋的寒凉，坐在桌前写作，身上披着一条毛毯也不抵事。他感冒了，浑身酸痛，发着低烧从山口一个诊所买回来感冒药，吃过，发了一身汗。第二天，他感觉好了一些，就又硬撑着直到把初稿写完，10 月 10 日回到西安，身体还是不行，第二天就直接去了医院挂针。

《沉默的季节》是一个典型的现代主义长篇小说文本，在结构上是块状划分，不是按时间去推动故事，而是靠意识流动，你、我、他三种人称交叉叙述。主人公周雨言对宁巧仙的情感多汁多味，难以廓清，他既喜欢宁巧仙丰满的肉体、泼辣坦率的性格，又憎恨她贫农的阶级地位。他和宁巧仙做爱时是怀着报复宁巧仙的丈夫和“贫农”阶级的心理，将做爱视为一场从内心到身体的一场肉搏，其报复心理大于肉体之乐 。祖母去世，为了得到一块墓地，他用肉体与宁巧仙做了一场交易，其间的悲哀与委屈只有自己知道。周雨言对宁巧仙的女儿夏秋月的爱是真诚的、纯粹的。可是，他也被近乎乱伦的罪恶感所困扰所撕裂着。因此，他对夏秋月的爱中有一种难以言说的、很纠结的复杂内容。他的精神在煎熬，心灵在震颤。对于罪与罚的道德困惑，冯积岐是进行了一番努力探索的。李继凯教授认为《沉默的季节》从复杂人性在历史旋涡中的艺术呈现，个中况味、各种色调使小说具有了丰富性和复杂性，这种探索和努力既借鉴了传统小说的典型书写特征，也显示了某种现代主义小说或先锋小说的特征。

《逃离》的写作依然是现代主义写法的延续，出版后，读者反响很大，认为《逃离》较《沉默的季节》写得更好看，更为诗情画意，也更有深度。

《逃离》是冯积岐的一部体验小说，他从内心剖析，自己一直有一种逃离的情结。从1990年起，冯积岐的创作和生活屡屡受挫，使他产生强烈的逃遁人生的想法和深刻的生命体验。逃离，也是当代人共同面临的人生课题。对此，冯积岐似乎有比他人更为直捷的体验。生活中的他能够真正逃离吗？在《逃离》中，冯积岐巧妙地融入了“文革”期间他在山里面的一些生活场景，使人物逃离的背景建立在现实的土壤中，故事很真实，小说很丰满，可读性强。

冯积岐谈到这部小说最初的构思，他说：儿子的一个女同学，一个年轻的女孩儿从农村逃离到城市，经历种种遭遇之后，最终被城市“污染”了纯真的心灵。这样一个简单的几乎每天都会发生的故事，让冯积岐从下一代身上看到，现代文明中的享乐思想、拜金主义等等不良的东西对年轻人的侵蚀，让那些涉世未深的孩子无法拒绝诱惑而陷入生活的泥淖。就像冯积岐自己一样，曾对生活寄予了极大的希望，但是他还是不得不选择了逃离。如西北大学教授、批评家杨乐生所说：“生命中有些东西是可以逃离的，有些东西注定无法逃离。死亡无法逃离，爱无法逃离。”

《逃离》从1996年11月动笔到2010年出版，长达14年之久，走过五个出版社，三个杂志社，每次得到的答复都是：不能出版，或无法出版。问及原因，没有。其中，一个较为权威的杂志社主编这样回答冯积岐：作品写得确实很好，但是不能发表。冯积岐被莫衷一是的回答弄得一头雾水，这部构思于90年代初的长篇小说，长时间不能出版。虽然，冯积岐很自信，可是，出版的困境让他的惨败感油然而生。他觉得，作品的命运和他个人的命运一样多舛，坎坷不断。

经过三易其稿，1999 年，冯积岐将九万多字的稿子寄给武汉的《当代作家》杂志，杂志主编看过后当即决定刊发《逃离》原作三分之二(大约八万字)。2003 年，《安徽文学》下半月刊全文刊登了整部作品，《逃离》获得了杂志社年度评奖中的小说一等奖。幸运的是，时隔 14 年，《逃离》出版，之后，读者反响很大，热情的信件不停地寄来。两年后，出版社又再版了几次，还给陕西省所有的农家书屋配发了这部小说。在第三届柳青文学奖评奖中，《逃离》获得一等奖。

《逃离》和《沉默的季节》一样，也是一部现代主义文本，作品在细节上很写实，作品采用意识流、内心独白、心理分析等艺术手法。故事讲述了一位教授在逃离城市后，想寻找一处干净安静的地方栖身，无奈，即使是在深山里面，一处理想中的“桃花源”也被现代工业化的潮流和意识所污染、所替代。主人公固然逃离城市，逃往山区，可是，山里的境况和他想象中的处境相去甚远。通信的发达，交通的发展，现代化的进程使山区和城市有了共通之处。最终，城市文化渗透进山区，农村和山区将被一种文化形态所代替。对于个体来说，谁也无法逃离时代的洪流、命运的安排，若不安于命运的摆布，最终会落得一身伤痕，逃离而无法逃离的命运成为一种宿命。冯积岐在这部小说中写出了人性险恶的一部分，旨在探索人性中最隐秘的一面。与《沉默的季节》不同的是，《逃离》采用的是多角度、多人称叙述。同样的一个故事中，不同的叙述者站在“我”的角度做不同的叙述，使作品跌宕起伏，丰满充实。作品中的进行时只有五天，所有的故事都被作者框定在了五天之内。可是，作品中故事发生的时间却横跨十几年或几十年。冯积岐对时间、空间的处理非常独到，颇具匠心。

《沉默的季节》是冯积岐“松陵村故事”中最重要的一部。小说中人物活动的舞台依旧在冯积岐虚构的“松陵村”。小说中的周雨言、周雨人、白玫、宁巧仙等个性鲜明的人物，无不凝结着冯积岐的生活体验乃至生命体验。同样是“文革”题材，冯积岐没有将笔触停留在“伤痕上”。如评论家王仲生老师所说，冯积岐给我们提供的是“谁在沉默?”“为什么会沉默?”的重大命题。《沉默的季节》的厚重之处、深刻之处就在于此。人们的心灵的撕裂，周雨言、周雨人、宁巧仙，包括六指等“红五类”在内，心灵被大幅度地扭曲、变形了，他们带着心灵上的巨大伤痛开始新的生活，这种心灵上的创伤是很难根治的。

作品令人深思之处还在于：人为什么变得如此冷漠、麻木、无情？为什么面对人性的践踏、生命的践踏，面对羞辱、歧视，松陵村人习以为常，甚至助纣为虐？为什么人性之恶会发挥得如此淋漓尽致？在《沉默的季节》中，冯积岐表明了鲜明的个人立场：对个体的情感、欲望、自由、尊严、生命要尊重，要捍卫。而对人的践踏、对生命的冷漠，冯积岐表现了一个正直的作家的憎恶和批判。

评论家冯希哲说过，在当代作家中，冯积岐是把西方现代主义和现实主义结合得最好的一个。《沉默的季节》就是这种“结合”的范本之一。冯积岐既吸收了《红楼梦》《金瓶梅》在细部对人物精细、独到的刻画，整体上又吸收了现代主义的心理分析，内心独白、意识流等手法，使西方现代主义中国化、汉语化。特别是在描写人物内心生活时，冯积岐的笔触在意识和无意识之间游走，体现了他惊人的艺术直觉。

从《沉默的季节》中，我们可以读出，冯积岐有强烈的文本意识，他很自觉地用自己的文字把他和其他作家区别了开来。他的句式，他的语境，他的小说的节奏、氛围、结构都是属于他自己的，和当代任何小说家的小说创作不一样。

《沉默的季节》的艺术探索是多方面的，值得研究的空间还很大，这是留给读者和评论家的一个课题。

第十三章　敲开了那扇门

2002 年夏天，大暑刚过，省城西安挨到了一年中最为酷热难耐的时候。7 月 24 日，冯积岐从省作协回到了家乡——岐山县陵头村。家里的房子是 1993 年新盖起来的，后来一家人搬去了西安，很少回来，好几年不住人，院子里的野草足足有二尺多高，房间里到处敷着一层厚厚的尘土。冯积岐放下简单的行李，开始在院子里拔草。用了一天半时间，他把院子和房间里彻底清扫了一遍。7 月 26 日清早起来，自己动手做了简单的饭食，吃过，就坐在书房里，开始了后来取名为《大树底下》的长篇小说创作。

像《沉默的季节》一样，冯积岐将笔触伸到了人物的内心，他像一个解剖师一样，无情地把人物的内心世界亮了出来。罗世堂为了使自己一家躲过一劫而背叛了弟弟，在背叛前和背叛后，他的内心的煎熬，以及“罪与罚”的心理状态被冯积岐展示得一览无余。罗世堂将手伸进宰杀了的一只鸡内脏中的细节，以及罗世堂让妻子用桃树的枝条抽打他精赤脊背的细节，充分地揭示了罗世堂心中善与恶的较量。

同样，在《大树底下》有一个和《沉默的季节》中的白玫一样的祖母。对于这个形象，冯积岐用了不少笔墨。《大树底下》里的祖母和白玫有相似之处，也有不同之处。《大树底下》里的祖母更坚韧，更有理性，更具有应对艰难生活的能力。而少年罗大虎对祖母的情感更纯粹、更深厚，这是冯积岐诸多小说中祖母情结的又一个例证。

《大树底下》的大树究竟象征什么？

从作品中看，这棵大树千年不老，是松陵村的村魂和村宝。它是树，也是“神”。作为树，它不老，高大，伟岸。作为神，它可以开口说话，预测世事。可是，作为松陵村的一代又一代的人们，没有从大树的阴影下走出来，大树的威严、冷酷给松陵村人造成了无形的紧张和压抑，尤其是作品的结尾，大树有一半儿枝丫被雪压垮，冯积岐在这里安排的细节更显意味深长。

从1992年开始，冯积岐就投入了长篇小说的创作，到2000年初，他已创作了四部长篇小说。2000年到2011年，冯积岐每年发表十几篇中短篇小说，小说多次被《小说选刊》《小说月报》等各类文学刊物转载，多次入选各类优秀作品选。冯积岐的短篇小说构思精巧，内涵丰富，意义隽永、深刻，有独特的叙述风格和语言风格。他的短篇小说曾经获得《芳草》文学奖、《青海湖》短篇小说一等奖，曾两次入围鲁迅文学奖。短篇小说《我们村里的最后一个地主》入选鲁迅文学奖获奖作品集。

从写作初期，冯积岐就建立了自己的艺术美学观。比如，他认为小说不是武器，既不是歌功颂德的武器，也不是抨击什么的武器；小说不是写程度，而是写深度；小说写的是人物的心灵史，写的是人物的内心生活，好的小说揭示的是人物内心最隐秘的部分。小说写作必须遵循小说创作的规律：有什么体验就写什么，而不是从理念到理念。对于小说的时间、空间、切入点、结构、氛围、节奏、叙述等等，冯积岐都以自己的写作实践总结出了独特的见解。

冯积岐的小说赢得很多读者的青睐，有信件雪片般飞来，有电话打来，有短信及留言写在博客上。冯积岐也参加过一些国内大奖的评选，可是，主流评论圈却是一片静寂，评委们好像对他的作品视而不见。对此，冯积岐曾经很疑惑，逐渐地，学养的积累让他的无奈甚至憋屈慢慢平息。他对自己有了更高的定位。他认为，他的写作不是为了获得某个奖项而写作，他不再把自己定位在别人对自己的评价上。时间最公允，时间对作家是最残酷也是最公正的考验。冯积岐多次说过，一个好作家要有大胸怀、大眼光、大抱负、大境界、大作为，就必须要耐得了寂寞，要有面对现实的胸襟和面对未来的勇气。

直到2003年，冯积岐的写作已经整整二十年，发表的作品五六百万字。但是，他还是没有引起文坛的更多关注，没有赢得一定的肯定与赞誉。他曾不断地反思自己：问题出在了哪里？自己有没有必要继续写下去？2003年到

2004年两年时间内，冯积岐陷入了痛苦之中。他在日记中写道：所谓的“剥离”对于每个作家都是必要的。回过头来看自己的作品未免有些吃惊，赶快“剥离”。经过痛苦的反思，觉得自己的许多作品只停留在一个层面上，在深度上没有飞跃。十多年来的写作，过分地追求形式，致使思想内涵没有达到一个高度，没有得到真正的蜕变与提升。

接下来，他能拿出什么作品呢？经过一番痛苦的思索，冯积岐认为，自己写作的路子是对的，小说中人物的内心生活只能贯穿在人物的命运之中，他只能写自己体验最深的。

小说，不是一个人的传记。冯积岐从他的同龄人身上看到了“命运”，看到了人性的“善”与“恶”，看到了不同时代中不同人不同的内心生活。基于此，冯积岐开始构思他的第四部长篇小说《敲门》。

2003年，冯积岐用了一个月时间拿出了《敲门》的初稿，他本来想把小说搁置一段时间再修改，于是，直到2004年，他才把《敲门》修改了一遍就又放下了。这个时候，他的朋友温亚军从北京打来电话，说是雷达老师组织的“情未了长篇小说丛书”还差一部长篇，问他这里有没有长篇？冯积岐刚好把《敲门》修改完毕，小说究竟写得如何，他还把握不住，温亚军建议他把书稿寄给出版社让编辑定夺。于是，冯积岐把《敲门》寄给了山东文艺出版社。两个月后，小说《敲门》问世，这是冯积岐出版最快最顺畅的一部长篇小说，他终于敲开了那扇神圣的门。

第十四章　在凤翔县委挂职

1

2005 年 6 月 8 日，一个风清日丽的日子，冯积岐暂别了他工作的陕西省作家协会，前往宝鸡市凤翔县委挂职县委副书记。一路送行的是时任省作协党组副书记的徐晔和省委宣传部干部许忠雁。这次挂职是省委宣传部和省委组织部在 2004 年研究安排的，给全省有影响且成绩突出的部分作家提供深入生活的舞台。

小车载着一行人出了西安城，郊外大片的田地里是已经收割完麦子后留下的灰白色麦茬。没有雨的滋润，还未播种的干土地上空蒸腾着阵阵的热浪。车上的两位年轻的送行者心情很好，出了城就像回归了自然，他们侃侃而谈。但冯积岐心里却一直未轻松下来，他显得有些孤寂有些落寞，是送他去挂职，在车里他却一言不发，陷入了沉默。他在思考挂职，一个对他来说既新鲜又陌生的名词，那将是他人生一次新的历练和考验。他明白，省委这次派作家去基层深入生活，目的很明确，希望作家下去接地气，亲身体验，能写出更好的作品来。他觉得，从理论上讲，对一个作家来说，不存在刻意去体验生活，深入生活的问题。因为，作家和常人一样，每天都在生活中生活，没有处在真空之中。在城市生活和在农村生活，在办公室工作和在田间地头劳动、车间厂矿干活都是一样的，都是实实在在的生活。就像每天上街买菜，夫妻恩爱或同事间的钩心斗角，街道遇见的舍己救人等，每件事都是活生生的生活。写作，并不是说这样的生活可以进入作品，那样的生活就与小说无缘。冯积岐对深入生活有自己的思考，为什么要深入生活？其实，这和作家本身的生活和体验并不矛盾。因为写作的需要，必须到自己写作需要的领域去体验，才能获得生动的感受和真实的第一手资料。就像路遥写作《平凡的世界》，他在煤矿待了一段时间，亲自下矿井，与煤矿工人聊天，了解他们的生活，才写出了孙少平那一个真实的煤矿工人角色。要说体验，冯积岐从 1995 年正式进入西安，1996 年举家进城，就已经开始了城市生活的体验。二十年过去，对于曾经熟悉的农村生活，他相对有些陌生了，包括农村的发展变化、农民的生活变化、农村人思想的变化等等，都需要他重新进行审视。用他的话说，生活的积累就像肩上的柴担子，那些可以烧火做饭的柴火已被他一把一把地撕下来，填进了灶膛里，烧尽了。继续待在城里，无异于闭门造车，重复自己。因之，换一种生活方式，离开城市，离开每天面对的办公室，重新回到业已陌生了的农村去，回到二十年前熟悉的生活中去，回到散发着泥土香味的土地上去，体味种种变化，对做人做文都将是不可或缺的体验和补充。

按照省委宣传部和组织部的要求，作家去哪里挂职，由作家自己在全省范围内选择。冯积岐选择了宝鸡市凤翔县，思考后改为眉县，最终还是确定了去凤翔，为什么选择凤翔作为他深入生活的理想之地？按照他的说法，选择去凤翔挂职的原因有三：第一，凤翔是一块古老的土地，文化积淀深厚，值得去挖掘。第二，凤翔是农业大县，一些地方至今还保留着农耕文化的某些形态，与现代文明形成了一定的反差，容易产生碰撞，触动新的思考。第三，他生在岐山，长在岐山，而岐山和凤翔连畔种地，岐山和凤翔的文化传统以及人的生活习性相差无几。因此，他对凤翔有与家乡一样的情怀，不会有隔阂感。所以，他选择了凤翔，或者说是凤翔选择了他。

冯积岐一行到凤翔县委时已是中午十一点多，县委书记张育仓和县长赵晓明都不在机关。据办公室一名工作人员说，两位领导带着县级机关干部帮助农民收麦子去了。一位留在机关的县委副书记接待了冯积岐一行。

到了凤翔，安排住在县委楼上，一切就算安顿下来了。晚上，冯积岐久久不能入睡。他想起临行前一位朋友曾揶揄他说：“组织叫你去当县委副书记是一件很可笑的事情！”冯积岐心里明白：这不是可笑，是荒唐！他知道，说出那一番话的朋友对他的人生轨迹很了解。因为他曾经是一个在生产队里连记工员都当不上的人，几十年后却堂而皇之去当县委副书记！生活真是一个魔镜，有时候真的使人难以捉摸。他自己很清醒，像挂在窗外树梢上的月光一样的清醒，他来凤翔是挂职而不是当官。无论用什么职务、什么称号或华丽的外衣来装扮他，究其实都是些外在的东西，不是本质。说到底，他骨子里还是个作家，他的思维方式，生活方式完全与官员有别。因为作家只能靠作品说话，作家的职务只是表示他曾经涉足过一个领域，有了更丰富的生活阅历而已。

到凤翔县委几天后的第一次县委常委会上，县委书记张育仓宣布，冯积岐协助分管县委宣传部的工作。在此之前，张育仓书记找过冯积岐谈到分管工作的事情，冯积岐表示说，省委组织部文件对挂职作家的规定是原则上不分管具体工作。张书记对冯积岐说："县上尊重组织的决定，但考虑你在县委没有工作过的经历，你想想，如果什么工作都不分管，怎么深入到生活里去呢？你只当一个空头副书记，时间长了就成了闲人了，在这里几年下来，你可能什么生活素材也得不到。"冯积岐觉得张书记是出于对挂职领导理性思考的成熟想法，才提出叫他介入实际工作的。他听从了张书记的安排。后来，县长赵晓明接任县委书记，冯积岐被安排分管了工会、共青团、机关工委、县科协、县妇联的工作，他的接触面更广，视野也更为开阔了。

到凤翔县委的第三天，冯积岐去下乡。在去柳林镇的公路上，碰到几个农民正在碾麦。他让司机停了下来。他下了车，一个中年农民正在扬场，那人扬场的位置不对，看着有些别扭，他走过去要过木锨就扬了起来。那人说："没看出你比我还扬得好，还是个把式呢。"冯积岐笑了，心想：我当了二十年农民，咋能不会扬场？看着农民疑惑的眼神，司机景师告诉那个农民，他是新来的县委冯书记。农民不由得赞叹着："一看你扬场的样子，就是干过农活的。"冯积岐边扬场，边问这个农民种了几亩地？收成怎么样？几个孩子？上什么学校？一年收入有多少？农民一一作答。冯积岐曾多次说过，他是生活在城市里的农民，因为，他的农民情结不会改变。每年收麦时，他就念叨：老天爷多晴几天，让农民把麦子收回来；每年种麦前，他就祈祷老天下一场透雨，让农民把麦子种好。一看见田地，一看见庄稼，冯积岐就由衷地激动，连路边绿油油的青草他也看着喜欢，恨不能挥起镰刀割一捆子回去喂牛。

后来，冯积岐在总结挂职生活时说，挂职不是当官，不是走马观花地去看一看，而是把自己投进生活，深入到生活的骨髓里去，把自己作为农民的朋友、贴心人看待，用农民的眼光、情感去体味农村生活。

去凤翔挂职对冯积岐创作上的补益还在于，他要在写作中尽量地剥离“伪”生活，把真实的令人心颤的生活图景尽最大可能地呈献给读者。他所说的“伪”生活有两层意思：一是被生活表象所遮蔽的虚假的生活。二是概念化的、简单化的、流行化的、粉饰了的生活。对此，冯积岐在挂职期间深有体会。他到凤翔县委挂职几天后的一个中午，有一个上访者进了县委大院，她坐在冯积岐办公室楼下的一个办公室门口没头没脑就骂了起来，满嘴粗话。随之，那个上访者又放声号啕大哭，如入无人之境。冯积岐准备下楼去看个究竟，问问情况，通讯员却止住了他，不让他下去，通讯员说，是怕冯积岐不了解情况反被那个上访者纠缠。通讯员告诉冯积岐，上访的那个中年妇女，已上访了十多年了，她过几天就要到县委哭一场，骂一回。冯积岐嘴上没说，心里已在暗暗抱怨，为什么不给她解决问题？这些干部都是干什么的？对于弱者，他不由得想去帮助，就像看到与自己当初一起劳动过的兄弟姐妹一样，产生深深的同情。正如通讯员所说，过了几天，这个上访者又来县委哭闹。冯积岐这次叫来通讯员打开县委小楼的卷闸门，他把那个女人叫到了他的办公室。女人坐下来，把上访的原因诉说了一遍。冯积岐这才明白，事情远远不是他想的那么简单。她的上访有关一起人命案。她的上访和省、市公安局都有关。事情过去多年，不是没有真相而是要弄清楚真相，确实已经很难很难了。不是中年女人诉求过度，更不是县委、县政府不予以解决问题，而是事过多年，真相难以确定。冯积岐关心的已不是上访者所诉求的某一个事件，而是上访者本人。那位上访的女人看上去四十多岁，本该也是体体面面的一位农村妇女，可是，她一到县委大院便一把鼻涕一把泪，袒胸露乳，大喊大叫，作为人的尊严丧失殆尽。十多年的上访已将她的心理扭曲，已将她的整个人生毁掉了。据冯积岐判断，错就错在十多年前，省、市公安机关给人命案做出的判定，没有使上访者服膺，导致了这位上访者最终成为这件人命案的一个牺牲品。

通过这件事，冯积意识到，要剥离“伪”生活并非一件容易的事情。况且，对于弱势群体，仅仅同情是远远不够的。

一旦深入到生活中去，用目光挑开遮蔽的那一部分，冯积岐就会倍感痛苦。比如，对干部问题，每次研究干部升迁，程序十分到位，看似十分民主，其实，都是部分权力意志的结果，县委书记也很为难。一个小小的科级干部的升迁，有些人竟然会找到省上，找到北京。从上面向下压，下面就很为难。冯积岐明明知道，某些干部毛病不少，可他依旧要把自己的那一票投出去。事后，他又责备自己不能坚持原则，做了老好人。可是，这是上级组织的意图，他一个挂职的副书记又能左右得了什么？即使这样，又能怎么样？他也只能安慰自己，生活就是这样，人的肺在吸进氧气的同时，也吸进了二氧化碳和许多有害的物质。深入生活的经历，让他更加深刻地体会到陈忠实老师所说的："有些事你看得清清楚楚，就是不能说。"

冯积岐一有时间就往乡下跑，从山里和半山坡的姚家沟、汉封镇到平原上的郭店、虢王、彪角镇，每一个乡镇大大小小的村子，冯积岐一个也不落下，一一跑遍了。他去的最多的是山里的姚家沟乡，姚家沟乡的所有村他都去过。那一年夏收过后，他又一次踏进姚家沟的一个山村去了解农民生活，在路上，经过一片田地，一个年轻妇女正在锄玉米，他与妇女寒暄了几句，便拿过锄头，挥锄锄地。妇女见状，笑着说："没看出来你还锄得那么好！"陪同他的姚家沟乡党委书记宁怀彬问那妇女："你看他是干啥的？"女人爽快地说："我看像是进山收玉米的。"宁怀彬与冯积岐对这一回答很是意外，他俩相视大笑，冯积岐回来后很遗憾没追问那女人，为什么看他像一个进山收玉米的粮食贩子？

为了走进农民的生活，冯积岐干脆要求住到乡政府去，他不住县委楼，住到了糜杆桥乡政府，他抓住一切机会和乡镇干部交谈，和农民交谈，了解基层情况，了解农民。

当冯积岐在姚家沟镇走访农户时，他十分震惊，也十分痛心。有一户农民一家四口人，住着两孔窑洞，女主人的精神状况看着不大正常，家里有两个女孩儿，其中一个曾经被人拐卖过，最终是地方政府给找了回来，女孩子似乎神经受了大的刺激，见了人畏畏缩缩，不敢搭话。这家人的全部家当值不了二百元，即使拿去卖二十元，可能也没有人买，也就是说不名一文。土炕上没有炕席，锅灶的灶台上留出两口锅的位置上，却只有一口锅，后锅的位置上没有锅，用一只破旧的搪瓷脸盆扣着。冯积岐没有见过现在还有这么穷的农民，他除了心痛，没有能力使这样的农民很快摆脱贫穷。也许，有人会说，这是农村生活小小的一角。不错，可是，就是这一角，也应该纳入干部扶贫的视野。后来，这一户农民得到了扶贫救助。生活教育了冯积岐，不应该怨天尤人。看看这些在生活中挣扎的农民，作为一个作家，必须要去面对，必须站在农民的立场上去书写当代农民，为他们呐喊，帮助他们早日摆脱贫困。

冯积岐到了凤翔以后，他每天都把所看到的想到的用笔记下来。2006 年，他将他的日记整理了一部分，名为《挂职日记》，在《宝鸡日报》上连载，一时间，《宝鸡日报》洛阳纸贵。每天的报纸一到，不论是农民还是公务员，或领导干部，首先要看的就是冯积岐的《挂职日记》。

那段时间，冯积岐收到了不少读者来信。为什么会引起那么大的反响，他也思考过，原因之一是，对于农民生活、基层干部的生活，冯积岐十分真实地写了出来，并毫不顾忌地说出了自己的看法。

2

冯积岐到了凤翔后，他为了把自己看到的、听到的和体验到的感受记下来，从 2005 年 6 月 8 日到凤翔县的第一天起，就开始记日记。他把自己的部分日记在《延河》《美文》《海燕》等杂志刊登以后，评论家李建军在文艺报上写文章向全国的读者推荐。后来，《宝鸡日报》的总编张陇得和副总编吕向阳在《宝鸡日报》上给冯积岐开设了一个专栏进行连载。冯积岐万万没有料到的是，连载了几期之后，宝鸡地区的岐山、扶风、千阳、眉县等县、区的读者纷纷给他写信，对《挂职日记》进行了高度评价，不少读者甚至把文章剪下来收藏起来。岐山县有一个读者打来电话说，他为了读冯积岐的《挂职日记》，专门补订了一份《宝鸡日报》。各地的读者反馈，他们每天收到《宝鸡日报》，首先必读冯积岐的《挂职日记》。当然，批评的声音也有，而且批评得相当尖锐。据说，在宝鸡工作的两个凤翔县的读者因为对《挂职日记》的看法不一，竟然在饭桌上吵了起来。

因为日报每天连载，每天要写两千多字甚至更多的日记，而且要立写立发到报社去。冯积岐终因体力不支，2006 年 2 月份起，停止了《挂职日记》的连载。之后，不断有读者来信，叫他继续写，继续连载下去。他心有余而力不足，只能表示歉意。

《挂职日记》为什么会得到读者热捧，至关重要的是，在《挂职日记》中，冯积岐进行了原生态记录式写作，把自己对农民生活、干部生活极其真实的一面展示给了读者。同时，也剖析了自己的内心世界。用文艺批评的行话说，《挂职日记》引起了读者内心的共鸣。冯积岐后来是这样说的，他的《挂职日记》在艺术上没有新技法，可是，由于他是写农民、写基层干部，他的情感和读者的情感是吻合的。

2006年5月23日，借“5·23”文艺座谈会纪念日之机，省委宣传部召开了几个同时去挂职的作家和艺术家的座谈会，总结挂职一年来的经验体会。在座谈会上，冯积岐很真实地谈了自己的体验。他觉得，这次挂职对他来说，十分必要，十分迫切。仅仅一年时间，他转变了对农民生活、尤其是基层干部的生活概念化的看法。他觉得，就他阅读的报刊杂志上许多写农民生活的小说、散文，缺乏真实性，缺乏血肉和骨骼，更存在闭门造车之嫌。如果作者能和农民生活在一起，就会真实地体察他们的生存状况和生活状态。当下的农村生活和改革开放初期已经大不一样了。

后来，在中国作协召开的座谈会上，冯积岐对挂职深入生活又谈了自己新的看法。他觉得，对一个作家来说，挂职不是当官，作家的职务不是头上的光环，只是为了便于深入生活，上级部门给予的是一种政治待遇而已。尽管自己是县委副书记，可是，一旦走进农村，走进农民生活，自己只是个作家。自己只能用作家的眼光考察生活，只能用作家的情感和心态去对待生活。正因为这样，凤翔的干部或者农民，都觉得冯积岐这个县委副书记是一个谦恭而且平易近人的“官员”。冯积岐认识到，挂职的机会难得，因此挂职不能走马观花，要深入下去，设身处地地去体验当下的农民生活。农民的不幸就是冯积岐时刻挂怀的心头大事，农民的苦难就是冯积岐内心不能拂去的伤痛。他曾经为两名考上大学而没有钱交学费的农村大学生在全县范围内募捐学费。一次，他去尹家务乡政府开会讲话，一个老上访户到乡政府来，不是去闹事，而是要听他讲话，冯积岐就让他坐在会议室。会后，这个老上访户说：“冯书记讲得就是好。”上访户从内心里敬重他这个人。对于农民的上访，冯积岐首先以同情、理解的目光去看待，把上访户摆在“人”的位置去看待，看成与他一样的人。虽然，在上访户的问题上他不能做到彻底解决，但他对上访户的诉求能够倾听，能够理解并尽力去安抚上访者，尽可能在自己的能力范围内解决问题。

2006 年春，省作协党组书记雷涛一行来凤翔看望冯积岐。当他得知，冯积岐在凤翔挂职很受凤翔干部和老百姓赞赏，对冯积岐的工作给予了充分肯定。雷涛书记知道，省委宣传部和组织部的文件上规定：挂职干部原则上不分管工作。可是，冯积岐却分管了工作。对此，雷涛提出了自己的看法。县委书记赵晓明明确表示，冯积岐分管工作有利于他深入生活。赵晓明一贯的做事风格是：不唯书、不唯上，按实际情况解决工作中的问题。冯积岐觉得，一年来，正因为他分管了一些具体工作，才有机会和更多的干部、农民接触，才深入到了生活的内核。

2006 年夏收前，陈忠实老师来凤翔看望冯积岐。陈老师一到凤翔就说："这个塬很美、确实美。"陈老师所说的"塬"就是上虢镇坡到凤翔县城这个南北二十公里的平原。在陈老师的心目中，他所看到的这个"塬"，和他笔下的白鹿原还是大有区别的。

冯积岐和县委书记赵晓明陪着陈忠实老师一同去凤翔六营村参观凤翔泥塑的制作过程，和泥塑老艺人进行了交谈。陈老师一边看着艺人们在泥塑上描绘，一边赞叹"不容易。"陈老师说："民间有高手。"他感慨："任何艺术都有传承的过程，任何艺术都有相通之处。"冯积岐和赵晓明陪同陈老师还观看了凤翔博物馆。博物馆虽然规模不大，馆内还是珍藏了几件很珍贵的青铜器。看后，陈老师只说了一句话："凤翔的历史文化积淀确实深厚。"对于冯积岐挂职，陈老师没说一句话，也许在他看来，这对于作家来说，挂职是作家体验生活，深入生活的常态。临走时，陈老师只是说："机会难得，好好工作。"

在冯积岐挂职期间，作家周瑄镤、韩霁虹、吕向阳等都来凤翔看望过他，给了他很大的鼓舞。

在两年多时间里，冯积岐不仅跑了凤翔的好多乡村，而且参与了凤翔县委的许多工作。当他回西安时，积累了四本厚厚的日记，日记中记录了他在凤翔参与、体验、感受的实际生活。在他后来的小说中，这些生活素材都经过升华进入他的艺术作品中。他用他的挂职践行了那句老话：艺术来源于生活，没有生活的艺术是空中楼阁。

挂职的第三个年头，2007 年元月，长篇小说《村子》出版。是年 4 月 2 日，凤翔县委、县政府和陕西省作家协会一起在凤翔县西凤大酒店给《村子》召开了研讨会。陈忠实、贾平凹、雷涛等作协领导从三百里外来到凤翔参加了研讨会。年过七旬的评论家王仲生、畅广元、肖云儒也一同来凤翔研讨《村子》，这使冯积岐很受鼓舞。

后来,《文艺报》的记者采访了他,他很真诚地回答了记者的提问。

《文艺报》记者问(以下简称记者)冯积岐:

记者:首先请您谈谈挂职的经历。

冯积岐:我是2005年6月8日去陕西省宝鸡市所辖的凤翔县挂职任县委副书记的,2007年11月8日回到了省作协。去之前,我是陕西省作家协会的专业作家、创作组组长。下去的时候,省委组织部和宣传部提出了两点要求:一、去什么地方,由作家自己选择。二、下去后,原则上不分管工作,政治待遇和在职领导一样。我选择去凤翔有三个原因:一是凤翔是一块古老的土地,先秦在凤翔建都294年之久,凤翔的文化积淀深厚,值得挖掘。二是凤翔是农业大县,一些地方至今保留着农耕文化的某些形态,这种形态和现代文明形成了一定的反差,容易产生碰撞,容易触动作家的思维。三是我生长在岐山县。岐山和凤翔连畔种地。岐山、凤翔的文化传统以及人的生活习性相差无几,使我容易进入凤翔的生活,触摸到凤翔的灵魂。后来的实践证明,我的选择是正确的。

记者:作家挂职作为深入生活的一种重要方式,对您的创作有哪些影响?您如何看待这种方式?

冯积岐:我是1983年开始发表作品的,到2005年,已出版了五六百万字的文学作品,生活积累基本上掏空了。尽管,作家的创作是搭建在想象的舞台上的,但是,任何想象离不开生活的经验和生命的体验,没有生活的血肉和神经,想象的翅膀就难以飞翔。到我下去挂职深入生活的时候,已经急需补充生活的库存了。

我觉得,所谓的深入生活就是把自己作为一个农民、一个基层干部看待,完成的是角色的转换。角色转换以后,就会使自己的写作立场变了,变为农民式的写作,而不是为农民写作。我下去的时候就带着我正在写作的长篇小说《村子》。在挂职期间,我对《村子》修改了六七遍。通过挂职我真正地体验了农民的喜怒哀乐和基层干部的苦恼与无奈,因此,挂职使我的写作视点来了一个大的转变,对《村子》里的人物有了新的认识和理解。

挂职对我的创作的影响还在于,在写作中我尽量地剥离"伪"生活,把真实的令人心颤的农村生活图景呈现给读者。我所说的"伪"生活有两层意思:

一是被生活表象所遮蔽的虚假的生活。二是一些文学作品给读者端出来的那些概念化的、简单化的、类型化的、粗卑化的、流行化的生活。只有深入到生活的骨髓中去，用一颗烫热的心去体验，你的创作才不会被“伪”生活所影响。比如说，干部腐败问题，是多种因素构成的。他们的腐败，完成的是一个“人”的蜕变——由痛苦变为麻木，由麻木而失去人性。我曾开玩笑说，把我放在县委书记的位置，也许不出几年就会腐败的——人的蜕变不仅仅由品质决定。生活太复杂，人性太复杂，而我们的小说太简单——简单到只是生活现象的复制——苛刻地说，只是一堆素材。

作家挂职深入生活，实践证明，确实是一种重要的方式，但是，也有其为难、尴尬之处。

如我前面所说，当时，省委组织部和宣传部发文要求，挂职干部原则上不分管工作。到了凤翔县委，我才明白，这种“要求”虽然符合某种原则，但是，和“深入生活”的命题在两条道上跑。如果你什么工作也不管，不参与其中，无异于县委大院里的一个“闲人”——清早起来，吃完饭，县委一班人都去忙自己的工作，你干什么呢？背上包去各村各户“了解”生活？这种“了解”等于走马观花、浮在生活上面——因为你还没有参与农村工作，没有深入到农村生活的骨髓里去，你只是生活的一个旁观者，即使是你调查得来的“材料”，也是二手“材料”。那时候的凤翔县委书记张育仓是一个文化素质很高的干部，我到任没几天，他找我谈话，要我分管工作。他说：“只有你分管了工作，才能真正得到你所需要的‘生活’，身心才不会在空处。”经过县委常委会研究，我分管了工作。张育仓调走后，新上任的县委书记赵晓明很有眼力，也很有魄力，他让我分管了更多的工作。我亲自处理农民之间发生的纠纷，参与解决上访问题，包括兴修水利、植树造林、给贫困大学生筹集学费这些事情我都干。我不是“了解”生活，而是介入生活，和农民、基层干部同忧共乐，用生命体验农民生活的艰辛、不易、痛苦、焦虑。

同样，和我同时去另外一个县委挂职的作家没有分管工作。他回到省城后给我说，每天，县委一班人都忙各自的工作去了，没人搭理他，他觉得很为难。他竟然发现，县委的个别领导以很警惕的目光看待他——以为他下来是为了了解干部腐败问题，为写反腐题材的小说而搜集素材的。由于种种原因，他确实没有“深入”到生活的骨髓中去。

上个世纪八十年代中期，我们省的一个作家去某个县委挂职深入生活，他没有什么工作可干，在县委给他的小房间里写了两年小说回到了原单位，直到回来的时候，他连县委大院里的干部也没有认识几个。挂职深入生活对他来说是失败的。

当然，对于挂职作家来说，分管工作，只是为了变“了解”生活为“体察”生活，需要警惕的是，千万不要把自己当作一个“官”来看待，千万不要干预县委的工作。一定要把握好这个分寸，一定要记住自己是一个作家。要做到这一点，也是不容易的。

记者：作家的挂职和其他领域内的挂职有所区别。您认为，作家挂职应注重什么？

冯积岐：作家挂职就像病人治病，你缺钙就补钙、缺氧就吸氧。不论上级领导怎么解释挂职，你自己必须心里明白，你是来干什么的。在我挂职期间，我走遍了凤翔县的十九个乡镇，二百多个村组，吃在农民家，住在农民家。夏天，到了农村，看见农民在打麦场上扬场，我拿起木锨就扬麦子；秋天，到了农村，就帮农民锄地。农民们都赞叹：“你干农活儿这么内行!”我说，我当过二十多年农民，扬场、犁地、撒种子、打土坯，我都会。我觉得，自己的身心是和农民融入到一起的，把自己放在农民的位置，农民才愿意和你交心，愿意说实话。挂职，就是要生活在生活中，千万不要带着创作意图刻意去“了解”生活。这样“了解”来的生活肯定是浮浅的，只能做“伪”生活的下角料。

记者：说说挂职期间几件难忘的事。

冯积岐：我到凤翔县委的第二天下午，就来了一位上访者。上访者是四十三四岁的女人，我只是站在二楼上看见她坐在院子里号啕大哭，却无人理睬。我要下楼去，通讯员不叫我下去。他说：“你一下去，她就会黏住你不放的。”这个女人哭了有个把小时，起身走了，我觉得很蹊跷，就问县委办主任是怎么回事。县委办主任告诉我，这个女人上访已有八年之久。上访的原因是：两邻居打架，她的十二岁的女儿放学后上前制止。吃毕午饭女孩儿没有去学校，母亲去房间里看时，女孩儿死在了炕上。后经宝鸡市公安局鉴定：女孩儿胃里有农药残留物，疑是自杀。上访者对鉴定不服：一是家里没买过农药，二是女孩儿自杀没有理由。于是，开始上访。后经省公安厅鉴定：女孩儿的胃里没有农药残留物。上访者便断定，女孩儿是邻居在劝架过程中被打伤而死的。两家公安系统的结论不一样，县、乡两级政府无法处理这件事。女人便一级级、一年一年地上访。有一天，我没有下村，这个上访者趁通讯员没在意，上了楼，来到了我的办公室，给我哭诉女儿死的经过。她说："你是作家书记，能不能把这个问题给我解决了？"当时，我被她问住了，我只是很同情她，但没有能力给她解决问题，我只能说："我督促信访办给你尽快解决。"我给了她二百元，她千谢万谢地走了。我去找县委书记谈这件事，县委书记也很为难，很无奈。他说："上面制造了矛盾，把矛盾踢给县、乡两级，撒手不管，县委、县政府按照哪一家鉴定去处理呢？县委、县政府只能督促上面拿出唯一的正确的结论，才能处理好这件事。"

这个上访者的家恰好在我分管的那个乡。有一天，我去乡政府参加会议，这个上访者被乡机关干部拦在了门外。我看到，叫她进来。我说："我讲完话以后和你谈，好不好？"上访者却说："我今天不是来上访的，是来听你讲话的。"上访者和各村组干部一起进了会议室。我一讲完话，她带头鼓掌。她对乡党委书记说："人家作家书记就是讲得好。你们啥时候能像冯书记一样讲道理，我就不上访了。"乡党委书记一听，调侃我："连上访的都服你，我们真是太无能了。"这个头发花白、神情忧郁而恍惚的女人，我至今难以忘却。

有一年暮春时节，我去凤翔一个山区乡的农村。上了一道塬，只见一个年轻漂亮的女人在地里锄玉米。我走到她跟前，要过锄就锄地，年轻女人看着我说："你得是山外来收购玉米的？地还锄得好。"我说："你看我像不像收购玉米的农民？"女人又打量了我几眼说："像。"同行的乡党委书记宁怀彬一听，笑了："你这个女人，咋这么瓜(傻)？他是新来的县委冯书记，咋能是收玉米的？"女人红着脸说："他咋不像个县委书记。"我真不明白，女人心目中的县委书记应该是什么模样。后来，我想，也许，我不像县委书记才是真的，假如我像县委书记，也许就完蛋了。而女人视我为收玉米的农民是褒我还是贬我，我不在乎。我觉得，她说出的是实话、是真话。

记者：挂职深入生活对你来说，最大的收获是什么？

冯积岐：这些年来，我虽然没有割断和农村的联系，但是，我所获取的农村生活是浮浅的。通过挂职，我对农民的生活状况和生存状态有了深刻的认识；对人生、人性以及这个时代有了新的理解。至关重要的是，我的情感和农民相融合了。我是一个农民作家，但是，我不是作家中的农民。我收获的不只是创作素材，而是用情感乃至生命对农民生活的重新体验。从农民身上我重新认识这个民族这个国家这个时代。也许，因为我是农民，农民朋友才喜欢我的作品。因为我敢于直面现实，我的《村子》因此在凤凰网上点击五千六百多万次。

我在挂职期间写的《挂职日记》在《宝鸡日报》上连载了几十天，毫不夸张地说，当时《宝鸡日报》一时洛阳纸贵。好多农民打电话或写信说，每天收到《宝鸡日报》，首先读《挂职日记》。《挂职日记》成了农民和基层干部必不可缺的一道午餐。原因是，我写出了我对农村生活最真切的体验，说出的是农民想听的话。

第十五章　松陵村故事的浓缩版：《村子》

冯积岐从写第一部长篇《沉默的季节》开始，他的笔下就有了一个叫作凤山县松陵村的地方。冯积岐虚构的这个松陵村和福克纳笔下的约克纳帕塔法县、沈从文笔下的湘西、莫言笔下的高密东北乡一样，既是他塑造的各色人物生活的地方，也是他们表演的舞台。《村子》无疑是诸多松陵村故事中最精彩的篇章。

在动笔写《村子》之前，冯积岐经过了一个痛苦的思考过程，因为他要改变一下自己，对原来的创作路子进行一次修正，自己对自己进行一次反叛，或者说蜕变。在此之前，冯积岐已经出版了四部长篇小说。《村子》是他将要创作的第五部。

前四部长篇，冯积岐在进行一种实验，不同艺术形式的实验。就结构而言，《沉默的季节》采用的是心理结构，时空跳跃，你、我、他三种人称交叉叙述。冯积岐将欧美小说家惯用的意识流、内心独白、心理分析等艺术手法娴熟地应用在自己的小说创作中。这样一来，他塑造的人物性格复杂、形象饱满。《逃离》用多角度、多人称的叙述方法，每个人物独自在讲述自己的故事；尽量压缩空间，浓缩时间，故事的进行时只有四天，但是，却讲述了每个人物大半生的事情。《遍地温柔》采用三条线并进的结构方式，不是传统小说中的三条情节线那么简单，而是把相互没有密切联系、生活在不同境况中的三个人物的人生故事紧紧地拧在一起，同样，有人物的内心独白、心理分析。《大树底下》用一个死去的婴儿开篇，作品应用了象征、暗示、隐喻等多种手法。一个被母亲捂死在被窝里的婴儿开口说话了，并且睁大眼睛目睹着人世间发生的所有荒诞的事情，这个“婴儿”暗喻什么，是不言而喻的。在动笔写《村子》之前，冯积岐已发表了近二百篇中短篇小说。他的中短篇之所以耐读，是因为，他写几篇就要变一变，变换题材、变换叙述方式、变换叙述角度等等，由于不断地实验和尝试，才使他被媒体誉为“短篇王”。写中短篇是这样，写长篇也是这样。他在一篇创作谈中说过，一个好的作家，不必过早地把自己固定在某一处，固定在一种风格中，这种“固定”是危险的。当然，把自己固定住，可以赢得读者，但是，也有使自己的路子越走越窄的危险。《村子》怎么写？他经过一番思索，决定“回归”，用现实主义的手法叙述另一个松陵村故事。

2001 年 4 月初，冯积岐动笔写《村子》。

《村子》讲述的是松陵村几个家庭几代人从 1979 年到 1999 年这二十年间的生活状况、生存状态，以及文化心理的冲突和变化。松陵村的农民迎来了改革开放，他们的生活方式、情感方式、文化心理、价值观随着社会变革在变化。如何比较准确地把握这个时代、把握松陵村的农民，对冯积岐来说是一个严峻的考验。他对自己创作的要求是：最大可能地接近真实，——让后世人比较真实地了解那个时代。他一直思考着一个问题：究竟是奥斯特洛夫斯基的《钢铁是怎样炼成的》描写的苏联十月革命接近历史真相呢，还是帕斯捷尔纳克在他的长篇小说《日瓦戈医生》中描写的十月革命接近历史的真实？抑或是，两部长篇小说都只是凸现了历史的一个侧面。究竟是《白毛女》中的黄世仁是当时比较真实的地主形象，还是《白鹿原》中的白嘉轩是比较真实的地主形象？这是值得认真思考的。作为一个体验型的作家，对于 1979 年到 1999 年这二十年间的农村改革，冯积岐参与其中，是体验过的，怎样表述，他不必去做功课——翻阅资料，奔波采访。对他来说，关键要很真诚地写出时代变革以及其间人物的心理变化，写出深度；塑造让读者记得住的、情感丰沛、性格复杂的人物形象。他在《村子》后记中这样说：“我只能按照我的体验去写我们村子里的农民。”

冯积岐经常给业余作者说，一个好的作家必须有生活积累，包括人物形象积累。有了丰厚的积累，才有了塑造丰满的人物形象的基础。由于《村子》中的诸多人物都在冯积岐的头脑中积累着，他一旦坐在桌子跟前，这些人物便呼之欲出，从笔端一个个地站出来。因此，他只用了四个月的时间就完成了《村子》第一稿。

对于每一部长篇小说，小说中的每一句话，每一个字词，冯积岐都是严肃认真地对待。他从最初写作开始，就对文字心存敬畏。一部不到四十万字的《村子》，他写了四年，从头至尾修改了十六遍。

小说和人一样是有命运的。冯积岐的人生历经了许多坎坷，他的小说的出版也很不顺畅。第一部长篇《沉默的季节》完成后，三年之内走了五家出版社，最终，第五家出版社接受了。同样，《村子》脱稿后，他投了三家出版社，第三家出版社接受了。《村子》出版后得到了读者和专家的热捧。几年间，太白文艺出版社印刷了七次，有三个不同封面的版本。他清楚地记得，有一天，他去大差市邮局发稿，刚走出建国路路口，陈忠实老师给他打来电话，他说："陈老师，你有啥事？"陈忠实老师说："没有啥事，我正在读你的《村子》，写得好，真好，真的好。"陈老师就说了这么一句话。后来，他给冯积岐说，几十年了，他从来没有给人打过这样的电话。当时，他读到了第100页，很激动，才打了这电话。2007年年底，《南方周末》在盘点当年全国小说创作时，《村子》被列为当年的好小说，老作家邵燕祥给《村子》写了评语。那年正月里的一天，陈忠实老师让他的司机送来了一张《南方周末》，冯积岐展开报纸一看，陈忠实老师在邵燕祥老先生的评语上方写了一句话："你能入邵老的法眼，连我也感到自豪和荣耀。"

在后来的凤凰网上，《村子》的点击量达七千四百多万人次。连续两年居栏目榜首。《村子》在各个网站的点击量累计超过了一亿一千万次。2019年，被评为七十年七部优秀有声作品之一。

遗憾的是，对于《村子》，主流评论家发声的并不多，媒体也没有过多关注，《村子》和一些国家级大奖擦肩而过。《村子》是这样，《沉默的季节》是这样，《逃离》也是这样。冯积岐心里很纳闷，也很郁闷，为什么他的大部分作品读者喜欢，主流评论家不多关注呢？经过了几十年的历练，好多次沉寂之后，冯积岐似乎已经习惯了这种不被关注。开初，他有抱怨，这几年，他似乎"麻木"了，慢慢地，他也看惯了。文坛就是一个江湖，而他身处江湖之外。

2007年4月1日，陕西省作家协会和凤翔县委、县政府联合在凤翔县召开《村子》研讨会，省内外七十多位作家、评论家参加了这次研讨会。参会的作家、评论家给了《村子》高度评价，陈忠实在发言中说：

他在闷着头却又是义无反顾地进行着自己独特的艺术体验的实践，既不轻易吹牛式的表态，更不向任何时兴的流派靠拢，而是执意要创造出自己艺术理想里的长篇小说景观。这是一部确凿令我感受到心理震撼的长篇小说。震撼来自于作品丝毫不见矫饰的巨大的真实感。我尤其看重冯积岐在这部作品里面对生活和社会的姿态：直面。

陈忠实在他的《村子，乡村的浓缩与解构》这样评价：

这是一部确凿令我感受到心理震撼的长篇小说。震撼来自于作品丝毫不见矫饰的巨大的真实感。我被这种既呈现着乡村生活的真实和艺术描绘的精确和典型深为感动。这部小说最直接的阅读感觉是不能读得太快，对我这个老读者来说，发生这种阅读直感也不是很多。如果用一句话来概括阅读感受，《村子》展示给我的是，自公社体制解体到农民个体经营20多年来，中国乡村社会生活演变的一部深刻而又真实的小说读本，可以透见生活深层运动过程里令人心颤的复杂和艰难的形态。我有过较长的乡村生活和工作的经历，作为一个纯粹的读者，对农村题材小说的真实性尤为敏感，往往成为我继续阅读或无奈舍弃的首要标志。真实才能获得读者的信赖，也是揭示生活深层运动形态的基础。《村子》首先以其巨大的真实感触发我的心理震撼。

即使没有乡村生活经验的人也约略知道，生活发展到20世纪80年代初，人民公社制度被取消。最初反映这场变革的是何士光的短篇小说《乡场上》，成为名篇，随之潮起并持续多年的同类题材的小说是很多的，我也不甘寂寞写过不少这类题材的中短篇小说。20多年后，回过头来看，农民获得土地的欢乐，很快被新的生活矛盾所引发的困惑所淹没，成了太过短暂的欢乐。《村子》把那场短暂的欢乐之后20多年的乡村生活的裂变，浓缩为一个颇具典型意义的读本。我看到在这已不算太短的时空里，中国乡村的政治形态、经济形态、文化形态、家庭形态和道德形态，从旧的经济体制蜕变转换过程中，处在乡村各个生活位置上的人所经历的适应性变化，心灵世界的有适和不适，道德规范里的坚守和溃堤，由此而发生的得到的窃喜和失却的痛苦。冯积岐着重刻划的田广荣、祝永达、马子凯、马秀萍等人物，都呈现着从旧体制解体前业已形成的心理结构形态，在新的体制和新的生活秩序转换过程中所发生的异变；在原有的心理结构框架逐渐崩塌、新的心理结构尚未架构起来的这一相对混乱的心灵历程中，利益和道德的判断发生的冲突所引发的撞击，在一幢幢或宽敞或曲窄的厦屋里的困惑和痛苦，似乎与现代城市或高或低的楼房里所发生的判断性选择，并无质的区别。这些人物以各自的人生经历和在村子里的不同位置，呈现着各具个性的新的色彩，却是只有在这段生活进程中，才会发生的丰富而又驳杂乃至畸形的心理映象。我从这些人物身上，感受到的是本世纪80年代初以来乡村生活发展和运行的脉动和脉象，包括病相。这几个人物已呈现出这个特殊的历史时段的典型性。

我尤其欣赏田广荣这个人物。在人民公社化时代，这是一个年岁不是太老却资深的村子的主事人，在乡村体制发生重大改变的颠覆性过程中，以及之后乡村社会以一种相对宽松散漫的秩序运行的较为漫长的过程中，这个人都能轻而易举地做出适应性变化，一如既往地处于村子权力的核心。冯积岐从外形到心理都把准了这个人的脉搏，也成功刻画了一个少见的人物典型，具有广泛的覆盖面，且不局限于农民身份和乡村地域。我不需赘举情节和细节，作者笔下的田广荣的大事小事和一举手一言语，都是一种特定的心理形态所制约着的突出的个性行为。我的阅读印象是，田广荣是乡村社会人群里的高智商，他的智慧主要用来巩固和加强他在村子里的权力地位，只用指梢撩拨着出众的事，撩拨的目的也仍是个人的权力的再巩固。他在村子里几十年来形成一种积久难改的意识，也是一种心理结构形态，这是由权力所附带的经济利益、个人荣誉以及声威所架构的一种特殊的心理结构，任何削弱和断裂，影响他的已不单是或大或小的经济利益，而是一种难以改易的生存理想的溃毁。失却了权力核心和声威的田广荣，肯定比村子里最不起眼的闲汉还难以生存下去。他很敏感地盯住了祝永达。祝永达是一个颇有书生意气和质地的理想主义者。他的理想越宏大性情越纯真，对田广荣构成的威胁就愈严峻，而田广荣正是从他的纯真穴上把他击败。田广荣不乱方寸更不动声色，最致命的出手可以做到不留声响。按乡村人的俗话说，这是一个摸准了共产党政策脾气的人，对乡村社会包括家族利益以及各色人物熟知自明的人，他按自己的手段和办法轻而易举地处置矛盾，不变的目的就是巩固自己。我很感佩冯积岐创造了这个典型性人物，深知这是不易做到的，没有对乡村社会的深层了知，没有穿透表层事相的眼光，没有强大的穿透心灵的思想，以及由此发生的敏感而又敏锐的体验，那是很难弄出田广荣这种人物个性的。

《村子》不是一个无足轻重的百十户人家的村子，而是浓缩了一个特定历史过程乡村社会的变迁史的裂变录记。不凡之处在于作者直面这种裂变和变迁的深层脉动，确凿地把握住了令我惊悚令我捶掌的不曾见识过的熟识里的陌生，这才令我震撼。我尤其看重冯积岐在这部作品里面对生活和社会的姿态：直面。近年间就我有限的阅读和视屏，不少写乡村生活的文艺作品，似乎无意识里偏重于怪癖性猎奇，兴趣偏移到农民的种种愚鲁可笑的行为，甚至明显是作者生编的怪癖细节，企图以此见到深刻效应，也果真使远离乡村的读者和观众惊诧一回。我常想，这些经济贫困文化偏低的乡村人，总还是人呀，多少总会有家庭传统教育和现代文化的一些影响吧，如何一个个都呈现着和野人无异的行为，供城里人一乐！我因此而钦佩冯积岐，他以执拗的个性和已具备的强大的思想，勇敢地直面乡村社会，以几近完美的艺术表述，把自己独特的乡村社会的体验呈现给我们，让我不仅认知到中国乡村社会的深层裂变，也为整个社会的发展提供一个可资信赖的参照。

就冯积岐的几部长篇小说而言，最具代表性的是《沉默的季节》和《村子》，前者是第一部长篇小说，起手便落在一种高品相上。这部小说是一个和几个人的心灵倾诉，尽管也以乡村为生活背景，着重在个人与社会环境下的心灵体验。《村子》则面对社会，浓缩了一个村子，建构了一个村子，也就浓缩和建构了乡村社会，视野开阔生活容量也沉重多了，不仅让我看到作者视觉的转移，也看到思想发展的力度。基于对《村子》的认知，我对冯积岐再后的创作更有期待的信心。(2007. 07. 15)

贾平凹在发言中说：

冯积岐是我们陕西省一个重要作家、优秀作家，因为他的创作在新世纪以来，不但没有衰落，反倒很坚挺。他在陕西作家里是吸收现代小说成分较多的一位，而他又是极传统写作的一位，他的写作是用心写的，事关痛痒，是一个不断追求的人，他的思考不停止，包括社会思考、艺术思考。他是有几套笔墨的人，写实写得很到位，人物刻画得细腻动人；议论则有哲理，闪动着泥土一样的智慧；抒情又出乎意料，有诗人气质。

对冯积岐的长篇小说《村子》，贾平凹在《做一个时代的记录者》中这样说：

这段生活我也是了解熟悉的，也是我最难把握的，我特别注意的是：1. 如何去写这一段历史，怎样使现实生活中的历史事件既写出丰富性又还原成文学，使现实生活营造出虚构的艺术世界，把世俗的真实转化为文学的真实，将无常变成不灭。冯积岐做得怎样，而我又如何去做？2. 他所写的人物当然独特，他是如何写出其生动活灵活现后能透出生命的饱满性的？3. 他写了人物命运，命运不仅是独特，又如何产生一种命运感？这三点，可以说就是作品的根本，是时代和生活的深刻处。

那么，我读完了《村子》，给我的最深印象是感情特别真挚，思考特别深邃，生活特别丰厚，文笔特别优美。这些都让我特别感动，具体可以这么说：

一是作者是一个对文学虔诚的人，他的写作是用心写的，事关痛痒，当众多人写作带上了职业性毛病，即油滑、写玩乐，乱调侃。他不是这样，他忠于责任，才华内敛，气质阴郁，性情沉稳，依然表现着一个作家的严肃和高贵。

二是作者是一个不断追求的人，写作到了他这个年龄和经历了许多之后，仍在学习，仍在吸纳。他的思维是开放的，意识是先进的，这是一个不原谅、不满足、不欺人也不反欺的作者，他的状况表明着他的潜力和我们对他的期待。

三是他的思考不停止，包括社会思考、艺术思考。我概括一下，即，从他的作品中可以看出，他是胆怯而又勇敢地进行着一种探索，他是无奈地又怀有野心地在奋斗着。这是一个作家最重要的素质，这种素质才赢得我们的尊重。

四是他所描写的乡下生活，笔下不在稀释，这些描写可以让别的人写好几部作品，他写了一个村子、一群人，这种小说是最难写的，而有些篇目和章节又写得是那么地精彩。

五是他是有几套笔墨的人，写实写得很到位，人物刻画得细腻动人。议论则有哲理，闪动着泥土一样的智慧，抒情又出乎意料，有诗人气质。

从冯积岐的写作引申开来，我还想说一个问题，这个问题我也没有想通，但我有感觉，也可以说有疑惑和迷惘。概括出来是六个字：苦难、虔诚、辛劳。这六个字是冯积岐的特点，也是陕西作家的特点。这一点对于当前中国作家是十分重要的，也是支撑陕西文学的基石。但是，在保持发扬这六个字的前提下，我们需要审理这六个字，这如同陕西之所以是陕西，是因为它历史悠久，是文化古地，但这又成了我们的一种重负。不妨可以思考：1. 什么是苦难？我们的苦难在哪里？怎样面对苦难？以什么心态对待苦难（如社会的、民族的、我们个人的）？怎样在文学中表现苦难？对待现实，情感要热，要敏感，要有痛感，但又要常怀平静而宽容之心。2. 对文学的虔诚。文学当然神圣，我们应虔诚相待。但文学又是一种放松状态下的活动（如太爱一个人往往做爱不成）。责任重大使我们容易紧张和拘束，进了庙宇我们就不敢胡说，见了领导我们就不能随意。文学史上许多大作家的写作，有的是为了挣钱生存，有的是为了回忆，有的是一种爱好，有的是一种游戏。3. 辛劳。写作是辛苦，但是不要太感动自己的辛劳，以为辛劳了就见收获。写作不是世上最辛劳的工作，辛劳也不是写作的唯一结果。

以上这六字，我说不清，因为说不清容易引起误会，但我觉得它确实影响着陕西作家的写作心态，其中的道理我寻不着，准确之词仅仅是一种感觉。把文学的意识变成我们的文学，这总是需要思考，因为生活毕竟不是作品，在寂寞中才能写饱满的作品。我用一句话概括：如果我们的作品都可能是过渡性的、速朽的，我们不妨把作品写成对这个时代的一份记录留给后人。

对于冯积岐的不足，是否我还再说一点呢？我总觉得他身上有几种气在蓬发，这些气都元真淋漓，都清新，都旺勃逼人。但是，我又觉得这几股气融合得不好，他学了许多现代小说的东西，他一心想在写乡下生活题材中做一场革命，这难能可贵，也最有价值，但他骨子里仍是传统的东西。如果写一个短的东西，单独来写都会非常精彩，但在大的作品里，要揉在一起却相互抵制。比如《村子》叙述人是谁，用什么视点？此作的开头是现代的文笔节奏是现代小说的味道，故事一展开，又是写实的，而看了下部，写实的又不怎么细腻和实在了，跳跃太大。而每一章和每一节相互独立，开头又似乎有现代小说的那种味，但每一章节的写作又成了一种套式。

再一点，在所需要阐发自己观点处，往往衬托渲染不够。比如，那个政协委员的过寿，比如，农村到底是需要田广荣还是祝永达，只仅此作为一个情节，这情节和别的情节一样成分小，它的意义就难以出来。

还有一点，写一种写实性东西，一定要想办法写出一种诗性，这就是怎么写的问题，也就是现代小说之所以是现代小说写法的根本所在，这些手法的运用是为了让你的力度加大，让作品产生诗性。

最后，再说一个观念，如果这是一个没有大精神、没有大境界也没有大技巧的文学时代，如果我们的作品都可能是过渡性的、速朽的话，那么我们不妨把我们的作品写成这个时代的一份记录而留给历史。这或许是我们的出路，也是我们最大的野心。如果认同我这个观点，我想从这个角度讲，《村子》就是中国农村在 1979 年至 2000 年的一份记录。”

段建军在发言中说：

陕西文学的传统是讲究文学的厚重性和真实性，冯积岐的《村子》在继承这个传统的基础上有浓厚的乡土气息，感受最深的是，他塑造了一系列生动感人的人物形象，尤其是田水祥等形象是活生生的。

研讨会后，畅广元致信冯积岐，称冯积岐是一位难得的“孤独者”。他在信中说：

自拿到你的作品后，我便认真阅读起来。先读的是《挂职日记》，然后读《村子》。你的创作实力和潜力都是引人注目的，我不能把你当作一般作家看，内心的期待是比较高的。

两部作品读后的第一感觉，便认定积岐是一位难得的“孤独者”。“孤独者”是超群思想家的又一称谓。结构主义马克思主义者路易·阿尔杜塞曾论述过“马基雅维利的孤独”——“他的孤独首先在于这样的事实：他似乎是不可归类的，它不可能归属某个阵营，去跟其他思想家为伍，也不可能归属某个传统，像其他作者那样要么归属亚里士多德学派的传统，要么归属自然法学派的传统。无疑，也就是因为这种不可归类性，才有如此不同的党派和如此伟大的作者，到头来既没有成功地给他定罪，也没有成功地把他接受下来，无一遗漏；好像在马基雅维利身上永远有某些东西是不可消化吸收的。”你当然不是马基雅维利式的孤独。你经历过难以忘怀的苦难，对苦难的记忆和思考使你独具一种精神深度，不易轻浮，不易肤浅，亦不易随波逐流：与历史和现实保持必要的心理距离让你背着农民命运的“十字架”，在漫漫的沉思中和艺术探索中，构建着自己处于不断攀升状态的艺术人格与精神价值。你的心灵(精神)开始具有了不易归类的特征，显示出行将走出一种历史桎梏式的孤独。之所以对你有这样的感觉，是我从你的作品中读出了一种独到的对当代人生存困境的敏锐感觉和对历史的深邃批判。作为一个很可能是了不起的孤独者，你不可能没有自己的困惑，这在你的作品中同样有着鲜明的表现。有了对你这样的认识后，便总想有机会与你好好地聊聊。

到凤翔后，我和王仲生老师住在一起，两人一直在谈论你和你的作品，晚上忠实来交谈，谈的还是你的作品。说实在话，第二天研讨会上的发言内容基本上没有超出我们所谈的范围。正是在交谈中，我深化了对你和你的作品的看法。

世上哪有不具有困惑的思想家呢？困惑正是孤独者必有的特征。你思想深处的困惑我是逐步意识到的。作品封面上的三句话稍加玩味(我知道，这未必就是你的意思)，便能实证你的困惑之所在。“村子需要好人还是强人”，其潜在的前提，就是一个村子的命运似乎不在大家的手里而在强人或者好人手里，这才是问题之所在。祝永达引起你的注目，倾力刻画其形象，是你意识到他的历史使命的合理性不容动摇。祝永达的形象(这里不必细加分析)让我隐约感觉到了你是在一种既定理念和道路上寻找新的曙光。你对中国历史上的和现实中的农村、农民不是一般地熟悉，那种传统文化中的人际交往所能生产和再生产出的人的精神世界与价值追求，你不仅熟悉而且还有情感上千丝万缕的联系。可以说，你凭本能直感就能说出什么样的人将是今后农村的中流砥柱或“拯救者”。我猜测，祝永达跳入你的脑海里不会太费力气。你就像托尔斯泰从宗法制农民的愿望三发拒斥资本主义一样不习惯市场经济所造就的人际交往方式：马秀萍你不是不同情，也下是不愿她有更好的命运，你只是觉得这样的女人当不了历史的弄潮儿，于是，你便把她作为一种历史的陪衬来写。你和忠实都不太相信从市场经济走出的人可以担负历史的重任，同时也未必真相信市场经济为人们提供的交往方式在法律制度逐渐完善的过程中，会走出一批具有全新活力的人来。今天的中国农村、农民由于市场经济的极不完善而不可能产生具有强烈自我意识并愿为大众利益着想的人，中国农民至今还在期盼着自己向往的“有意义的他者”来拯救。你和这样的文化底蕴还没有完全根断，从这一点来说，你的心灵深处还躲藏着一个未经市场经济洗礼的农民的幽灵在游荡。我以为这是你作为孤独者却依然具有困惑的内在依据。

打开你的《挂职日记》，你关注、同情农民，倾全力为农民说话、服务的心愿跃然纸上，对此我特别敬佩你。你能从诸多的事件中分析出社会存在的根本问题是分配的不公正。然而，你感觉到了没有，你并没有清醒地意识到农民自我觉醒的重要性，没有意识到让农村这个社会强大起来的重要性，什么时候农村社会强大到可以与政府平等对话了，“村子需要好人还是强人”的问题就自然消失了。让农村社会强大，所需的条件很多，但有一点似乎应该明确，仅靠伟大的理论家、思想家和政治家们预设的蓝图和秩序去按图索骥地建构是很难成功的，成事往往还在非预设的秩序，但这需要人民自身的强大。

我的这些话全是读罢你的作品后的一种思考，我们是朋友，我得说心里话。我不知道你是否想过我们的现实主义文学还缺少些什么，这所缺是否与作家们的某些困惑有关？“真实”除了与生活的本来面目一致外，还有没有恩格斯所说的巴尔扎克“现实主义胜利”的问题？(畅广元　2007. 04. 11)

第十六章 《粉碎》之后

1

早在1992年，陕西电视台的一个电视剧导演约冯积岐写一个有关民俗的上下集电视剧。当时，冯积岐想到了凤翔县的花炮，他想以做花炮为题材，写一部电视剧。初春时节，他背上包，独自去凤翔县采访。他跑了一个花炮厂，跑了凤翔县花炮研究所。他采访了凤翔花炮制作的历史，花炮制作的流程、工艺以及一些花炮艺人的生活，回到省作协以后，他整理了采访笔记，调动了自己的生活积累，写出了上下集电视剧《炮坊》。他将稿子交给了约稿的导演，导演看过，觉得可以。可是，拿到电视台讨论时没有通过。原因是，他在剧本中设置的人伦关系不被电视台接受。从那以后，冯积岐和电视剧写作失之交臂。他认定，他不是搞电视剧的料。

后来，冯积岐把这个上下集电视剧改为一部中篇小说，刊发在了长江文艺出版社的双月刊《当代作家》杂志上。

十多年以后，冯积岐到凤翔县委挂职，他再次采访了凤翔县的两个花炮厂，搜集了一些资料。凤翔县民间有做花炮的历史，作为一种民俗文化，作为一种产业已存在了几百年。从做花炮这个行当来说，它既能赚钱，又存在着很大的危险性，一不小心，便会酿出大祸，炮坊爆炸，人死财尽。

冯积岐由花炮生发了一个想法：把十几年前没做成电视剧的题材拾起来重写。他明白，个人的命运和他所处的时代相关联。个人的命运必须放置在时代的交叉点上去写。他在构思新的长篇小说《粉碎》的时候，就是这么想的。几代做花炮的人的命运和他们所处的时代紧紧相扣。炮坊爆炸了，粉碎的不只是人的鲜活的肉体，随之粉碎的有道德、伦理以及人的精神和价值观。《粉碎》开掘的就是这个主题，不只是他在中篇小说中所写的民俗。

长篇小说的艺术是结构的艺术。威廉·福克纳力求每一部长篇小说的结构都不一样。冯积岐在构思长篇小说的时候，就是这么想的，找不到结构，他绝不动笔。《粉碎》同样是两条线，分A章和B章。A章和B章如同一个西瓜切开分成两半。A章的结尾，正好是B章的开头；也可以说，是两段线裁为两半，一头接一头。在A章叙述父辈故事的同时，B章也在叙述子辈的故事，两代人的故事同时展开叙述，从而使故事脉络清晰，又有内在的联系。

这一代人的肉体粉碎了，只要下一代人有精神，有面目，依旧可以继续把花炮做下去，可怕的是粉碎了道德、伦理、精神。

开炮坊的景解放不顾一切救活了同学的女儿叶小娟，他们的伦理建立在父女关系上，确定在父女关系上，也被周围人确定为父女关系，这种伦理虽然没有血缘，但作为一种秩序已被固定，遵从。可是，一旦这种伦理被颠覆，悲剧随之诞生。人类必须有伦理秩序，而文学作品必须高扬道德的旗帜。同样，《粉碎》中的景解放、叶小娟，都和冯积岐其他小说中的人物一样，是性格复杂的人物，也是情感复杂的人物，因此，他们处在煎熬之中，在善与恶、罪与罚的深渊中挣扎。

我读过《粉碎》之后，深感冯积岐老师在人性的挖掘中独到的深刻性，写下了一篇读后感。

人性的深刻剖析

——读冯积岐长篇小说《粉碎》

噼噼啪啪的鞭炮声预示了年的浓烈，增加了年的喜庆气氛。待鞭炮声终归沉寂下来的时候，满地火红的鞭炮屑在风中翻滚着，若血色的洪流一般，这也是冯积岐的小说《粉碎》中时间流里面所讲述的一代代做炮人身体的粉碎、理想信念的坍塌、感情伦理的虚幻所呈现出来的凝重与凄清。在人性本能的面前，一切的情感选择显得若幻影般失去了真实与信赖。

小说以两条线索展开：上世与现世。上世做炮人的命运无疑是惨烈的，维系这一手工传承作业的是他们坚定的信念与神圣的使命，无论如何不能叫祖辈做炮的牌子砸在自己手里。为此，他们在祖辈做炮的历史丰碑的照耀下，为了祖辈的希望与重托，付出了惨重的代价。现世的做炮人继承的不只是做炮的手艺，还有一代代血泪凝结成的、渗透到骨子里面的一种信仰与崇拜。景解放是上世的种子，而叶小娟是现世的花朵，不幸或有幸的是在同一片蓝天下的一种环境里，由于炮坊的爆炸而使主人公景解放与叶小娟发生了纠葛，之后的故事都是围绕景解放这个老板为员工叶小娟治伤看病展开，无奈之下的收养，与养女的爱情，在人世间最难做出选择的情感与伦理的纠缠中，他们最终冲破了伦理的羁绊走到了一起。在当时，他们的做法无疑是勇敢的，几乎可以说是胆大妄为，可是这是在背负着冒天下之大不韪的十字架下的舞蹈，两位舞者的信念在强大的舆论、社会的评判和人们对道德观念的品评下已经薄如蝉翼，稍一碰触即灰飞烟灭，这也是景解放心中构建的父爱加情爱的理想国，是坚不可摧的神圣爱情，一如他对做炮的执着一样。因为在景解放的意念中，他是顶着家庭的破裂、爱妻的反目、儿子的仇恨乃至世人的唾骂及伦理道德的溃败与养女走到一起，十年的坚守可以证明，景解放的人品与善良乃至作为一个男人的责任，他是把叶小娟当作女儿去疼爱的，其间又不乏一个中年男人对女人的渴望与爱欲，可他忍住了，因为伦理道德在他的心中就像做炮人的信念一样永恒。这种力量同时伴随着他压抑着的对叶小娟的爱情达十年之久，在情与理的矛盾中渗透着人性的挣扎，似乎这又是人性虚妄的一面。景解放在爱中坚守，而叶小娟在欲中沉沦，继而是她寻求更多更放纵的性爱。如此，人还能相信什么？坚守什么？伦理道德的瓦解，人性善恶的光环散去，还会留下什么？是欲？是性？还是爱？还是极尽所能的肉体享乐？

读罢小说，掩卷沉思。社会这个大环境似乎是一个欲壑难填的井，人人都在追逐的路上，掉进去将是迟早的事。而在此之前，人本身所体现的道义、良知、信仰、追求或理想信念已经成为虚幻的影像，人几乎就是在灯影中群魔乱舞。作家从人性与伦理这二难选择切入，无疑是对一个社会、一个时代的无情拷问，我们还能坚守住什么？传统文化和传统教育的根本又是什么？人性的善恶标准、舐犊之情又体现在哪里？沉思良久，还是觉得，人不能没有根本，人要从自身、从心底找一条温暖的涓涓细流，那种温暖是人与人之间的关爱、理解和相互的体恤、尊重、感激、回报等等以及惊天地、泣鬼神的生死爱情，这条细流最终将汇入江河湖海直至生命的源头。人生而无罪，环境的局限使人在某种境地做出自己的选择，近朱者赤，近墨者黑。但是，一个人本身的行为是一个社会的缩影，让我们在每天匆匆的步伐中，在理想的追求、在信念的坚守中找到自己，回归自己，欣赏作家独到的视野及对人性的深刻剖析。

进入2000年，冯积岐的长篇小说创作进入了高潮。之后，在完成《粉碎》的同时，他创作了《两个冬天，两个女人》。

为什么是两个冬天，两个女人，而不是两个春天或夏天两个女人？是因为《两个冬天，两个女人》中的男主人公达诺和两个女人相识于冬天吗？从文本中看，是这样，达诺和王萍、刘婷都相识于冬天。冯积岐在作品中写道："冬天是赤裸裸的季节，是坦诚的季节，我喜欢冬天毫无顾忌地把自己裸露出来——美丽的外衣剥去了，冬天的个性突出了。冬天无法和女人联系起来，女人应该是春的写照。然而，正因为冬的孕育才有了春。"小说中主人公达诺盼望的是，他和漂亮、端庄、开朗的王萍以及才女刘婷的婚外情如同春天一样，阳光灿烂，鸟语花香。他认为，冬天过去就是春天。他的想法太浪漫，太富于理想化。无论他和第一任女友刘婷，还是和第二任女友王萍的婚外情都不可能善终。虽然，他们相爱的过程是热烈、愉快的，似乎把爱情推向了巅峰，可是，精神上的苦难大于肉体的愉悦，性格上的冲突更是难免的。王萍的丈夫出轨，其对王萍的暴虐使达诺痛苦万分；刘婷的放纵和达诺所坚守的爱情不可同日而语。王萍也好，刘婷也罢，即使她们柔情万种，也不能抚平达诺心中的伤痕，更不能使他的心灵有安置的地方。达诺试图在理想不能实现的路上，寻找短暂的情感慰藉的想法更显得荒唐。冯积岐曾多次在他的小说和随笔中表达了一个观点：其实，他并不懂女人。而《两个冬天，两个女人》中的达诺也是一个并不真正懂女人的男人。说不懂，是因为，达诺只看到了女人的一面，而没有看到另一面。比如，他只看到了刘婷的放纵、贪欢，而没有看到刘婷内心承载的痛苦、无奈，没有意识到刘婷想要的是什么样的生活、刘婷理想的是什么样的人生。

《两个冬天，两个女人》也是两条线的结构，但它不同于冯积岐其他小说的结构方式之处在于：把达诺交往的两个不同时间段的女人放置在一部小说中去叙述，而且，故事在同时进行。要完成这样一部小说，是要进行认真的布局的。

同样，写于2004年的长篇小说《敲门》采用的也是两条线结构，一条线叙述父亲的人生历程，采用的是过去时；另一条写儿子的人生历程，采用的是现在时。把过去和当下通过父子间的人生历程衔接在一起。人生的理想之门是很难敲开的，丁小春历经很多苦难，在敲大写的门，之所以门难敲开，有性格和个人能力等等因素的制约，也和他所处的时代分不开。丁晓春的父亲丁石头的人生际遇告诉读者，个人的命运和时代紧紧相连，时代的潮流将一个人卷进旋涡之中，很难脱身。丁小春的父亲在“文革”中作过恶，造了孽。冯积岐把丁小春父子俩放在两条线上去写，是把儿子作为“果”，父亲作为“因”去写。

冯积岐是一个宿命论者，从《敲门》中不难看出，他的“因果报应”的观念体现在丁石头、丁小春父子的生命历程中。当然，丁石头的性格还是比较复杂，因为他身体上的残疾，导致心理上的变态、敏感、过分的自尊，以致残酷，对于这些，小说给予了充分的揭示。

在《敲门》中，冯积岐有一些意象的描写。比如，一开篇的“蛇”；比如，敲门本身，等等。这些意象暗示什么，还有待进一步挖掘。

2

从凤翔挂职回到省作协以后，2007年9月，冯积岐当选为陕西省作家协会副主席，并担任了陕西省作家协会创作组组长。当时的省作协有十位专业作家。冯积岐担任创作组组长的时候，创作组只有陈忠实、王晓新、王观胜和他四位专业作家。他作为作家协会长篇小说委员会的负责人，既要自己搞创作，又要担负作协的工作，他的工作量加大了。他很清醒，再忙也不能放弃写作。冯积岐把自己的体验回忆梳理了一番。他觉得，需要他写的题材不少，但似乎又无处下笔。经过了一番思考，他决定以2003年的“非典”为题材写一部长篇小说。刺激他写“非典”的是一件小事。在凤翔的时候，有人给他讲过，当时，凤翔县委、县政府决定在北面的涧渠乡建一座非典医院。因为，涧渠乡在距离县城四十里左右的深山中，便于隔离病人，隔绝“非典”的传染。然而，这件事还未进行，涧渠一个生产队的干部组织农民把通往山里的唯一一条公路挖断了，这座医院最终没能建成。

灾难，不只是对人的能力、耐力、毅力的考验，也是对人性的考验。“非典”是对人的试金石。2011年，冯积岐开始创作长篇小说《非常时期》。这部小说不只展示了那一场使人惊慌的传染性疾病给人们造成的恐慌、不安和心理上的压力。通过应对这场灾难，冯积岐塑造了几个个性鲜明的农村人物形象，同时，揭示了在灾难面前人性的恶和人性的美。在他的笔下，山里的农民周成、云朵夫妇的人性的美与善，是很感人的。

2011年夏天，应中国作协创联部安排，冯积岐“定点深入生活”半年。冯积岐可以选择省内的任何一个市、县、厂矿，也可以选择去外省。冯积岐想，只有半年时间，他不去外省，也不去外县了，就选择了他的故乡岐山县。他离开故乡已经二十多年了，他想写一部故乡的长篇，就要再去曾经生活过的故地“熟悉”一番。省作协党组书记雷涛和创联部王晓渭把他送到岐山县。到了岐山县委以后，县委书记张海建和县长田来锁对他的吃、住安排得很周到，使他感动，第二天，他就到村里去走动。接下来一段时间，困难重重，本来要在故乡待半年时间，可是，他在岐山实际上只待了四个月就回到了省城。在凤翔将近三年，他的情感已深深地融入凤翔，而在故乡，他遇到的面孔仿佛已不再熟悉，是陌生，抑或冰冷。他回到省城后也曾思索过其中的缘故，但百思不得其解。

第二年的春天，冯积岐翻过了秦岭，来到了安康的汉阴县。冯积岐长期生活在关中，他的小说大部分写的是“松陵村”的故事，而汉阴给他的感觉则完全不同。是的，陕南的文化形态和他所熟悉的故乡的文化形态大不一样，他有强烈的新鲜感。经过深入了解，他觉得，汉阴的有些人和事深深地刺激着他，给了他创作的灵感和热情。他在汉阴跑了几个月，在那S形的山路上，每天要跑一百多公里，有时候，一天甚至要跑二百多公里山路，进行采访。他翻阅了汉阴的《吴氏宗谱》《沈氏家谱》《汉阴县志》《汉阴文史资料》，他觉得汉阴的每一寸土地都是血染的，白骨就在脚下。站在汉江岸上，凝视着平静的江水，他仿佛能看见江中那一个个凶险的漩涡。通过采访，他知道，汉阴县当代的人往上数三代，百分之七八十是湖广移民。冯积岐对移民的生活很感兴趣，尤其是站在凤堰梯田边，看着几百年前先民修的那些一台一台的梯田，冯积岐似乎能触摸到历史的脉搏。一部《漩涡》已在他的脑子里开始酝酿。

2012 年 7 月，冯积岐开始创作长篇小说《漩涡》，这是他的第十二部长篇。

漩涡，既是汉江里的激流，漩涡更是时代的漩涡，人生的漩涡，人性的漩涡。

汉阴的百年历史，是中国百年历史的缩写。

冯积岐初次脱离“松陵村”故事写《漩涡》，一个他不是很熟悉的文化领域。他的《漩涡》出版后，反响很好，是一部比较成功的小说，被评为当年几大历史题材的优秀小说。

为了增加自己的创作库存，2013 年，冯积岐经省委宣传部介绍来到了渭河南岸的眉县蹲点，再次深入生活。眉县县委、县政府对他的日常生活很关心，对他的吃、住、采访安排得很周到。通过一年多的采访，他逐渐熟悉了渭河南岸的文化形态，熟悉了眉县的近代史，熟悉了眉县农民的生活。眉县虽然和他的故乡岐山县紧紧相邻，但文化形态还是有很大差异。眉县的故事和他的“松陵村”的故事大有区别。多年前，他写过一部中篇小说《渭河争滩》，故事就发生在眉县。他在这个故事的基础上，构思创作了一部渭河南岸的新长篇小说《渭河史》。

第十七章　当写作成为一种生活方式

2013 年，《宝鸡日报》社副刊部主任白麟在采访冯积岐时，冯积岐曾这样说过：“我的活着就是写作，写作就是活着。”写作对于冯积岐来说，已经是一种生活方式和生存方式，是生命的需要，而不是名和利。什么样的生活才是他最满意的生活，什么样的人生才是最满意的人生，这既是一个小说命题，也是一个人生命题。写作，不停歇地写作，对他来说，才是他要的生活，他要的人生。人到中年以后，他的生活概括起来逃不过这样一个规律：从案头到医院，从医院到案头。他常常把自己写进了医院，从医院回来后，又坐在案头开始写作。正如路遥所说：“像牛一样劳作，像土地一样奉献。”

1999 年，在冯积岐四十六岁的时候，一次体检，查出来他患上了冠心病。这种病症，说明他身体已经透支，该是要歇息了。但冯积岐是不会歇下来的，他认为病患只是肉体的折磨，只要精神尚健，只要还能拿得起笔，就能写作，疾病没有什么大不了的。他一旦坐在桌子跟前，进入了写作状态，他就完全忘记了自己还是个病人。每一次，当他写了很长时间之后从桌子跟前要站立起来时，必须先用一双手按住桌子，再缓缓站立，否则，写作时间太久，脑供血不足，他就会发昏，甚至栽倒。2013 年，他在办公室写长篇小说《重生》，由于写作太投入，往往一坐就是一整天，而且常常连续写作一月或四十天都不挪窝。有一天，他站起来的时候，忘了用手去按住桌子，一下子就栽倒了，头磕在墙上，磕了一个大包。等他清醒过来，在墙角坐了一会儿，按住墙，慢慢地站起来，在办公室来回走动，活动到身体不再僵硬，才回家去吃饭。冯积岐是专业作家，没有人督促他，也没有人给他下达写作任务，他每天早早起来，吃过早饭，出了建国路三道巷的家属院大门，进了省作协，就坐在办公室里的案桌前开始写作，几乎每天如此。他觉得，现在的写作条件、生活条件比十年前、二十年前好了很多，他必须抓紧有限的时间用于写作。他对生活没有什么苛求，一顿一碗粘面，晚上一张窄床，有一般烟抽，有茶喝，能安安静静地坐下来写作，这就足够了。他常说，他的生活除了读就是写，写了再读，就这么简单。

冯积岐刚进省作协的时候是在八十年代末、九十年代初，他为了写作，四处奔波，经常采访。他曾经在榆林的窑洞里写过小说，曾经在岐山、陇县、眉县、宝鸡等地写过小说。三十多年来，始终让他难以忘怀的是，他曾经在他的同学巨世亨、张森林的办公室写过小说，曾经在他的朋友王景斌的办公室写过小说，曾经在陇县的小学教室里写过小说，曾经在千阳、凤翔的县政府招待所写过小说。1988 年夏天，他去眉县的汤峪镇写小说。那时候的汤峪还没有开发为旅游之地，人迹稀少，蚊蝇猖狂。他白天写一天小说，晚上成群的蚊子来侵扰他，他住的破旧的房子里没有蚊帐，一觉睡醒，身上全是红斑。他愣是坚持了十多天，才离开了汤峪。1991 年，还是夏天，他背着一个旧书包，进了山，来到岐山县西方乡政府写小说。当时，他的朋友武永良在乡政府担任乡党委书记，给他安排好了吃住。他在乡政府的土房子里写了近一个月。

1990 年酷寒之日，他来到岐山县先锋机械厂刘炳良的家里写小说，刘炳良是冯积岐认识不久的文友。他当时担任先锋机械厂的子校校长，学校里没有住处，他就住在刘炳良的家里。刘炳良夫妇待他如亲人。当时，条件差，家里只有一个蜂窝煤炉子，刘炳良的妻子晚上给冯积岐灌三个热水瓶子，两个放在他的脚下，一个让他搂在怀里。刘炳良夫妇每天给冯积岐做可口的饭菜。吃毕饭，刘炳良夫妇匆匆忙忙赶去上班，冯积岐就坐在他们家里安安静静地写作。朋友们对他越好，他的写作就越有力量。刘炳良家的住房并不宽敞，星期天，刘炳良的女儿从学校回来，没有地方睡觉，刘炳良夫妇就在客厅给女儿支一张木板当床。后来，冯积岐和刘炳良失去了联系。2006 年，他在凤翔县委挂职任县委副书记，两次去先锋机械厂寻找刘炳良，都没有找到他，后来，冯积岐写了一篇《寻找刘炳良》的散文，发表在《宝鸡日报》上，报纸终于给他联系上了刘炳良。两个老朋友见了面，长谈了一个下午。对于帮助过支持过冯积岐的所有朋友、同学、老师、乡党，他一个也不敢忘记，不能忘记。他说，感恩，是一个人最普通的感情。

冯积岐很清醒：写作是很艰苦的劳动，就像他做农民时打土坯、犁地、割麦、扬场一样，不付出辛勤的汗水就不会有收获，而且，写小说和做农活的不同之处在于，你付出了一生或半生的心血，不一定就有满意的收获。所以，对他来说，劳动的快感在于劳动的全过程。

2003 年仲秋时节，冯积岐独自一人回到了岐山县陵头村，在他的老屋开始创作长篇小说《王者风度》(出版时改名为《关中》)。天还没亮，他就早早起来，吃过早饭，坐在桌子跟前，一直写到中午十二点，起身打开煤气灶，下一碗面，匆忙一吃，又坐在了桌子跟前，一直写到下午六点，推开稿纸，给自己炒一点菜，热一块馍，喝几口水，就是一顿晚饭。他在老屋待了四十天，写出了二十万字的《王者风度》初稿。他每天工作八到十个小时，天天如此。晚上关了院门，到第二天傍晚才开门，他奋笔疾书，家里很静，只能听到钢笔在纸上划过去的有节奏的清晰的声音。在他刚拿起笔在北郭乡政府写作的时候，他在案头贴上了一个条幅：寂寞为乐。因此，他从不觉得写作的孤寂。他知道，写作是一个人的战斗，是自己和自己的战斗。因此，要写出好作品，首先要有战胜自己的信心和毅力。

四十天以后，冯积岐回到了省城，他的一张脸变成了三角形，他本就消瘦的身体一下子又瘦了十多斤。因为，他不会做饭，在家里，有妻子照顾，他从来没有做过饭，在那四十天里，每天却只是简单地对付一下，营养根本谈不上。

尽管，冯积岐已经出版了 14 部长篇小说，发表了 290 篇(部)中短篇小说，几百篇散文和随笔。从数量看，已达到了千万字。可是，他仍旧没有停下笔，对他来说，写作没有终点。如海明威所说，写作是一种病，只有死亡才能终止它。肖云儒老师几次见到冯积岐都说："你少写一些，放轻松一点，为自己活几天人吧，不要这么累了。"作为冯积岐创作上的老师，肖云儒先生的关爱渗透在每一个字眼里。冯积岐的同行秦巴子、方英文他们几个也说："你少写点儿，写那么多干什么。"冯积岐只有一个回答："不写难受。"其实，写了也难受。写作对他来说，也不为什么。不写作，等于他没有生活一样。可是，一旦写作，他往往把自己写倒，写进医院，受病痛的折磨。

如果说，要对冯积岐做出一个评价，那就是：他是一个虔诚的、百分之百的作家。他对艺术的忠诚，是很纯粹的，毫不掺假。他不仅自己这么做，而且，他给业余作者多次讲过，你欺骗了艺术，艺术也不会回报你，唯有真诚地皈依，做艺术的真实信徒，才是唯一的出路。

2013 年底，文化艺术出版社出版了一部《冯积岐评论集》，这部评论集由陕西师范大学教授李继凯先生主编，评论集在结构上分为三辑：第一辑是评论家对冯积岐作品的评论文章；第二辑是冯积岐的创作谈和读书笔记。从第二辑的文章中，反映出冯积岐明晰的艺术美学观。这对一位作家来说，至关重要。有些作家写了一辈子，也没有树立自己的艺术美学观。一位好作家必备五个条件：一、有才华。二、有思想。三、有艺术修养。四、有人格修养。五、坚持不懈。这五条，冯积岐都具备，他因为有独特的艺术修养，才能够写出不同风格、不同题材的小说来，所以才有自己的艺术美学观。对于生活与艺术的关系、艺术与政治的关系、写什么与怎么写的问题等等，冯积岐厘得很清。他的作家班的同学张虹说，他特立独行，正是因为，他固执地按照自己对艺术的理解去写作，从不跟风，从不动摇。冯积岐在创作上之所以能够取得这些成就，和他的经历、体验、阅历分不开。在陕西乃至全国作家中，冯积岐算是阅读量最大的作家之一。他博览古今中外经典，一边读，一边写。对于西方经典，他读得又精又细 ，托尔斯泰、陀思妥耶夫斯基、雨果、巴尔扎克、司汤达、福楼拜到卡夫卡、卡尔维诺、博尔赫斯，到福克纳、海明威、马尔克斯、科塔萨尔等等这些大师的作品，冯积岐都认真研读过，并且做了大量的笔记。2019 年，他出版的《读书笔记》，就是对 51 名经典作家的经典作品的读书心得。《读书笔记》出版后，深受读者喜爱，读者们都为他的海量阅读和对世界名著的理解而折服。

2013 年，陈忠实在接受《陕西日报》社主编张立的采访时说：和冯积岐所取得的创作成就相比，他没有得到应有的声誉和地位。可以说，陈忠实作为一位很有眼力的作家，道出的是有良知的作家、评论家的共同心声。评论家白烨在 2013 年春天省作协召开的冯积岐作品研讨会上说过：冯积岐的长篇小说和任何一部获茅盾文学奖的作品相比，毫不逊色。话虽这么说，可是现实并非如此，坦诚地说，冯积岐不是中国作家中大红大紫的人物，他没有获得过任何国家大奖。尽管，他的中短篇小说被年轻作家朋友捧为经典，放在案头，常常阅读，但他没有得到更高的奖励。他的长篇小说《村子》在凤凰网上的点击率达到七千四百万人次，出版十年来，阅读量居高不下。可是，冯积岐依然没有被主流评论家纳入视野，陕西的媒体也关注无多。其中的缘故是什么？冯积岐似乎没有细细琢磨过，他只感到悲哀，也有过愤愤不平，但这些丝毫没有影响冯积岐创作的步伐，他依然在不停地写。他既自卑，又自信。当然，他也渴望自己的作品能得到广泛传播，能被主流重视。可是，他个人没有能力扭转这个局面。

2013 年，《文艺研究》杂志的主编方宁先生专程从北京来到西安，约见了冯积岐。在和李继凯、李国平等人一起用餐时，方宁先生坦诚地说，冯积岐不是谁推荐给他的，他是在书店买了一本《村子》，读过之后，他很吃惊：陕西竟然有这么优秀的作家！然后，他去书店又买了一本冯积岐的长篇小说《遍地温柔》，读过之后，就想来见冯积岐。方宁毫不避讳李继凯和李国平，他说："你们陕西将来只有冯积岐一个。"在席间，方宁看到冯积岐有些忧郁，他说："如果你的作品超越了大众的阅读能力，视点向上，不被理解，十分正常；如果你的作品低于大众的水平，被淘汰，不被重视，在情理之中，你对自己要有正确估价。"方宁的话给冯积岐增加了信心。

年过八旬的王仲生教授多年来一直关注冯积岐。他因为女儿在美国华盛顿，所以常去美国度假、讲学。他给冯积岐说："你的所有作品，华盛顿国立图书馆都有，一些大学的图书馆也有。"他说："你放心，你会进入文学史的，你写出了什么样的作品，你心里明白。暂且不被主流看好，并非坏事。"

使冯积岐欣慰的是，这几年以来，西安理工大学、长安大学、西安文理学院、陕西师范大学、安康学院等学校的 70、80 后的文学博士，年轻教授们都开始研究他的作品。一些本科、硕士、博士的毕业论文写的是冯积岐的作品论。在近几年内，将有几部研究专著出版。

有一次，冯积岐和陈忠实老师在一起聊天。陈忠实很感慨地说："《村子》出版后，我写了一篇文章，我想，会有人跟进的，结果，却没人言传，我也不知道为什么？"在一次作品研讨会上，年轻的评论家冯希哲也说，冯积岐写出了这么好的作品，却没有人发声，他不知道为什么。

陈忠实对冯积岐的创作十分关心。他给冯积岐说："这年代，酒好也怕巷子深，你要注重宣传。"冯积岐除了叹息，无可奈何。他曾给朋友说，假如有三个冯积岐，他就圆满了，一个冯积岐整天像他现在这样写作，一个给他打理琐事，包括接待来访、处理人际关系。一个给他专搞宣传，跑出版发行，拉扯关系。惋惜的是，只有他一个冯积岐，只有他一个写作的冯积岐。他没有时间和精力去宣传自己。他一年四季很少参加什么作品研讨会、采风活动。对于那些大腕评论家们，他不是很熟悉，也没有一个他能很亲近地接触的。他只和他笔下的人物是朋友，只和汉字亲近。

2016 年冬，评论家仵埂和冯积岐相约在秦岭山下做了长达五个小时的访谈，仵埂很坦诚地对冯积岐说："虽然，过去，我也读过你的一些作品，但都很匆忙，只是一些印象，最近，认真读了几部，对你有了重新认识，你是值得研究的一位优秀作家。"仵埂和冯积岐就文学本体论，包括结构、句式、切入点、角度等等，以及艺术美学观、文学写生活、写政治的关系等等问题交换了看法。冯积岐那些不俗的见解使仵埂明白，冯积岐不仅有深切的生活体验，更具有相当的艺术修养，这是一位作家走向成功的条件和原因，暂时被冷落，不过只是暂时的。

冯积岐比年轻时坦然多了，他只有一个想法：我这样写了，我这样写过。

第十八章 认清自己才有能力面对现实

冯积岐从十岁开始囫囵吞枣地读小说，从十多岁爱上了文学，他从没放弃过。开始时写小说完全出于爱好，写着写着，写作成了生活。不写作，就坐卧不宁。三十多年来，冯积岐笔耕不辍，从1983年在《延河》杂志发表处女作算起，四十余年来，冯积岐在《人民文学》《当代》《花城》等杂志发表中短篇小说二百六十多篇(部)，作品多次被《小说月报》《小说选刊》和各种优秀作品选集选载，出版长篇小说《村子》《沉默的季节》《逃离》等十三部。

早期的创作，他称之为“练习阶段”，主要写中短篇小说，写当下的农民生活，采用的是现实主义手法。从1994年开始的十年间，冯积歧开始了长篇小说写作，兼顾中短篇小说和散文写作。他在写作上进行了大量的实验，在文学本体、艺术美学上有了自己的追求，将荒诞、意识流、内心独白心理分析运用到小说创作中，这种现代主义的艺术手法使他的创作呈现出多样化，句式也在不断变化。贾平凹认为，冯积岐在陕西作家里是吸收现代小说成分较多的一位，而他的写作风格又极其传统。他的生存状况和经验以及走上文学之路后受到的教育都是传统性的，可以说是形成了自己固有的一套写作体系的作家。

邵燕祥曾经评价冯积岐“有农村生活的童子功”。的确，早年他在生产大队当过五年农民干部，在乡政府当过五年半脱产干部，2005年又在凤翔县委挂职担任县委副书记，分管了一个乡镇，分管工会、共青团、妇联等单位，实质参与了县委的工作，对县、局(部)包括乡镇干部、工人、农民的生存状况和心理状态有了透彻的了解。通过挂职，坚定了冯积岐对现实主义创作的追求，坚定了他书写当下生活的信心。因此，2006 年之后，冯积歧又逐渐回归到现实主义题材上，从当下深入到了历史的探讨。

新作《西府关中》，是冯积岐百年历史小说《渭河史》(原名《渭河两岸》)的前半部分。他的作品有着强烈的历史色彩，所有的人物关系和情节，基于土地，但最终高于土地。从《西府关中》中，我们看到的是一幅民国时期的关中农民生活的画卷，世态炎凉，皆植于此，人生百态，皆绘于中。

“这是我的一部有厚度、长度、密度、深度的百年历史小说。从 1923 年写到了 2016 年，在结构上不是用编年史的办法，而是跳跃穿插。我将历史的推进和人物文化心理结构的分析、变化紧紧地结合在一起，可以说是两条脉络。”冯积岐说，和以前的十二部长篇小说相比，小说情节内容更复杂化，人物心理更丰富化，对每个人物更宽容，对历史的探讨更接近真实。

2013 年，冯积岐拿着省委宣传部的介绍信去关中西府的眉县深入生活，在眉县断断续续三年。他翻阅了县志，文史资料等材料，采访了干部、工人、教师、农民，特别是山东的移民。当时正是三九天，农民家中没有取暖设施，他冻得浑身有点抖，脚和腿都冻僵了，仍然坚持采访。

冯积岐一半的时间读书，一半时间写作。他的书架上八成是外国经典，他认同卡尔维诺的话：“经典不是正在读的书，而是正在重读的书。”《悲惨世界》《卡拉马佐夫兄弟》这样的大部头他读过至少两遍，《孽海花》《镜花缘》《海上花列传》这些晚清小说，他也反复重读。为写新作，他又重读了陀斯妥耶夫斯基的《罪与罚》和福克纳的《八月之光》，觉得自己准备充足了，才在 2014 年开始动笔写作。冯积岐希望写一部超越自己以往所有的作品。

“我的故乡就是我的背靠点。在那块土地上，我形成了自己的人生观和价值观。那块土地是我写作的源泉和精神宝库，取之不尽，用之不竭。”冯积岐说过，一个好作家必须有背靠点。他在农村生活了三十多年，直到三十五岁才进了城。当然，地域会给作家造成局限，生活的局限和对这个时代、人生和人性认知的局限。只有跳出地域，站在高处俯瞰，才能克服局限。他觉得，地域不只是地理上的位置、生存上的环境，地域也是灵魂的居住地。

在冯积岐看来，好小说首先要对时代、对现实、对人生和人性有属于自己的独到的认知，也就是说，有不一般的思想性；同时，在文学本体上要有突破或新的贡献，包括作家的思维方式、精神结构、美学观，包括语言方式、叙述方式、作品的结构，作品中时间、空间的处理，等等。几十年来，冯积岐在创作中已形成了自己的独特的语言方式。他坚信，小说的根基是语言，他严苛地打造自己的语言，他的短句子，如钉子一样，把文字牢牢地钉在纸上，他的长句式如排山倒海，造成了大的气势。

“无论你用什么手法写作，小说必须写得好看，使读者有耐心读下去。我觉得即使是福克纳、加缪、乔伊斯等现代主义作家的作品也并不晦涩。我心目中的好作家是具有自己的艺术美学观、有追求、有艺术创造性的作家。”冯积岐说，好作家有能力面对现实，有勇气面对未来，他们有大胸怀、大目标、大气象、大手笔。陀斯妥耶夫斯基在《作家日记》中曾反复强调人民性。作家的高度决定了作品的高度。好的作家要有人格品性，要有高洁的人格。“我卑视那些名气大而作品小的作家。好作家在农村，在工厂，在机关，在生活第一线，在书房，在案头。”冯积岐说。

第十九章　两个访谈

几十年的文学创作，冯积岐形成了自己固有的艺术美学观。他对文学、人生、人性、时代的理解，通过他的小说、散文进行了表达。近年来，他和教授、作家、记者做过好多次访谈，通过这些访谈，他坦陈了自己对艺术人生的理解。在此，转载他的两个访谈，以飨读者。

访谈一：中国乡土与现代性叙述

访谈嘉宾：冯积岐（曾任陕西省作家协会副主席）
主持人：汪翠萍（90 后文学硕士）
时间：2016 年 7 月

汪翠萍：冯老师，您好！自 1982 年秋天执笔至今，您已走过 36 年的创作历程，取得十二部长篇、数百个短篇、七八百万字的丰硕成果。在小说世界里，您往往书写小世界中的小人物，为什么您从来不写王侯将相、英雄豪杰或大家族的兴衰存亡？

冯积岐：因为我就是个小人物。我出生在农村，没有经历过大家族的兴衰，没有做过英雄豪杰，更不认识王侯将相。我首先要写我体验到、感受到、领悟到的世界，而我感受最深的是底层小人物的生活，他们生存的艰难困苦是我熟悉的。

我认为，小说家有经验性创作和超验性写作。而经验是基础，张爱玲在上海生活，在香港读书，都市是她的人生体验，这个我就学不来，也不会写。我写小人物的生活，写我经历的、见到的和心里感受到的各个方面。

汪翠萍：您立足于您的“松陵村”，更多呈现小人物的创伤性经验，这是否是您直面现实的切入点？

冯积岐：乡土世界，有纯美的田园风景，有安乐的农民生活。但是，除了美和善，还有普遍的、人类对于运命的挣扎。正如沈从文撰写《边城》，描述农民正直、诚实等美好品质，但是作者并不仅仅为了歌颂，还要引导读者理性地思考人生。

在我笔下，松陵村里的人普遍具有缺陷，无论是身体的缺陷还是性格的缺陷。比如，在短篇小说《故乡来了一位陌生人》中，父亲和村子里的一些人都患上了一种说不清、道不明的病。一个陌生人问去松陵村怎么走，先后问了几个人，张三是个聋子也是个瞎子，李四是个痴呆，王五是个疯子。陌生人是省城里来的蹲点干部，他走的时候，松陵村开了欢送会，许多患病的庄稼人都来欢送。陌生人说，要找到治病的方法，人是让病打不倒的。可是，人真的让病打不倒吗？

我们每个人都可能是张三、李四或王五，我们每个人身上都可能有病，因为人都具有缺陷。我就是要借松陵村这个舞台和窗口，来反映普遍人性的缺陷，来引起人的反思，对人存在的反思，对文化的反思，以及对人性的反思。

一个好的作家应当最大限度地将其真实的生活呈现给读者。我所说的真实，不是自然主义的那种呈现，而是作家将生活升华为艺术的那种真实。

汪翠萍：这让我想到贝克特，他笔下的人物大多是无家可归的流浪汉、坐以待毙的残废者和浑浑噩噩的糊涂虫。贝克特获得诺贝尔文学奖，其中有一句颁奖词“使现代人从精神贫困中得到振奋”。我想，从无意义中发现意义，从卑微的小人物中发现人类普遍存在的困境，促使人从怀疑走向思考，进而走向人的自觉，这是您作品与贝克特作品共有的美妙之处。

冯积岐：有段时间，我特别喜欢现代主义作家的作品，就读卡夫卡，读博尔赫斯，读纳博科夫，读卡尔维诺，读贝克特。贝克特的作品太艰涩，不太符合大众读者的阅读习惯。比如，《等待戈多》中的两个流浪汉喋喋不休地对话，重复着脱靴子、戴帽子的无聊动作，情节并非曲折动人，人物动作被压缩到最低限度，人物语言荒诞不经。但是贝克特有理性的自觉，在讽刺、挖苦、丑化的荒诞表达中蕴含着深刻的悲哀。这部作品不仅有理性，还有智慧，“希望迟迟不来，苦死了等的人”就是灵光乍现，一篇作品就需要有那么一两句智慧的句子。无论是贝克特、卡夫卡还是博尔赫斯，他们都深谙现代主义的精神。

汪翠萍：您的作品中也有许多现代主义手法，很多读者注意到您作品中的现代主义。

冯积岐：我所说的现代主义，不是说把绿茶换成咖啡、把汉服换成西装、把四合院子换成摩天楼。我所说的现代主义是一种表现手法，也是一种创造精神。这是为我们中国的作家、评论家所理解的反叛，是文学对人性复杂性、扭曲性的充分关怀，是对人的精神世界探讨上的广度和深度的延伸，是对文学本体论的坚守和拓展，包括作品的层次结构、时间空间、叙述技巧等的扩展。我所说的现代主义就是这种精神。

汪翠萍：所以，您力图打破线性时间、平面空间、典型人物、全知全能视角等传统的、写实的手法，而用异化、变形、荒诞、悖谬等不断变换的陌生化手法来反思现实。反思精神是您所追求的。

冯积岐：获诺奖的墨西哥作家帕斯说过：“现实主义的本质是批判的。”他的话我认同。现代主义的本质也是批判的，只是批判的着力点不一样罢了。因此，这既是我写作的切入点，也是我对现实的理解。我说过，作家有什么体验就写什么。再说，我写作的背靠点就在我笔下的松陵村。沈从文有他的湘西世界，莫言有他的高密故乡，福克纳有他的约克纳帕塔法县，我有我的松陵村，一个立足于乡土经验而虚构的地方。

至于现代主义手法，西方有很多这样的作品。毕加索的巨幅油画《格尔尼卡》结合具象的手法与立体的手法，用并列的空间来表现痛苦、受难和兽性。鲁尔福的《佩德罗·巴拉莫》打破阳界、阴界和时空，运用意识流、梦幻、暗示和隐喻等手法，作品自始至终弥漫着一缕鬼气、怨气、冤气和神秘色彩。

在我的作品中，比方说，我的《去年今日》就是对时间和空间的探索。在同一空间，故事内容看似不变，其实，第一句话是说今年，第二句话虽然连贯着，却说的是去年，这就是有难度的小说。比如，人物太典型，完全好，或者完全坏，都很虚假，太单一了。而我《村子》中的人物田广荣作为松陵村的“不倒翁”，他一方面维护着农民的利益，另一方面损害着农民的利益，他身上具有人性的各个方面，我认为这就更为真实些。比如，《玩蛇的女孩》中，小女孩从三岁起就和毒蛇住在一起，她身上已经百毒不侵，当石头拿着扫帚棍儿跟在女孩身后，女孩返过身来在石头手腕上咬了一口，石头叫了一声回到家就死了。残雪在作品中也写过一个带毒的男孩。其实，女孩、男孩就是一个文化符号，在有毒的环境中，人本身也会带毒。从文化反思的角度来看，玩蛇的女孩是令人悲痛的。

汪翠萍：如此看来，您的作品不是被读，而应该是被重读的。文学经典的审美价值也会出自痛苦，出自追求更艰辛而不是便捷的快乐所带来的痛苦。文学经典让人重读，可能第一遍让人不悦，但是可能第二次阅读就是精彩的文学体验。现在想来，吹唢呐的王二突然失明、乡村女机关干部高艳死后变成一只狗，种种荒诞不经的情节背后是您对现实的敏锐直觉和反思批判。您是用荒诞的眼睛来看荒诞的世界。

冯积岐：西方的荒诞可以被借鉴，但是无法被模仿。例如，卡夫卡作品中的荒诞跟他所处时代紧密联系起来，而那种荒诞我们无法体验到。事实上，荒诞看似滑稽，实则在不合情理的言语、行为、情节中，表现出对真理、价值、意义等的坚持，进而把人生的苦悲与世事的艰辛毫不隐讳地揭示给人看，以唤醒他们在绝境中挣扎与拼搏的勇气。一个好的写作者要有能力窥视到生活背后的生活，敢于揭露权力和金钱带来的荒诞故事，关注现代人的生存处境和不安的灵魂。

汪翠萍：所以，您在作品中较多地呈现了人性的缺陷。不管松陵村的小人物社会性如何，他们不再是具象个体，而是普遍人性的象征。您的艺术手法不断创新，但立足现实的批判精神一直存在。西方现代作家往往在批判之后渴望被拯救。例如，艾略特在《荒原》中流露出对宗教的呼唤，普鲁斯特在《追忆似水年华》中为人类建立起记忆的神话，加缪在《西绪福斯神话》中思考存在的意义，贝克特在《等待戈多》中有对戈多明天准来的期待。那么，您在表达存在的困惑之后，对人的价值方式有怎样的探寻呢？您有怎样的新作发表呢？

冯积岐：翻开西方的现代主义、后现代主义作品，你会看到书中到处都在猛烈抨击社会的浊流，在恐惧、焦虑、绝望的背后，到处洋溢着揭露黑暗的激情。而这种激情恰恰来自于对光明的向往与自信。鲁迅说，亮出伤疤，是为了治疗。我在创作中指出人性缺陷，是渴望得到纠正，渴望走向人性的完善，渴望理想主义的实现。

在走向纯洁和美好的路上，我们要继承优秀的传统文化。比如，传统的伦理文化不可丢弃，我在《村子》中写到生死文化，《漩涡》中写到族谱文化，很多文化的精华部分是需要我们汲取的。人还需要有爱和宽容，在雨果的《悲惨世界》里，爱和宽容超越了世界的悲惨，这是很令人感动的。

我明年即将出版一部长篇小说，还有一本我阅读外国文学的读书笔记。

汪翠萍：我想经验、理性与智慧也是您小说中蕴藏的宝贵财富。我们因您而被激发的思考已经发生，因您而有的阅读愉悦仍会继续。

期待您的新作早日面世。我尤其期待阅读您关于外国文学作品的读书笔记，因为通过调查一个作家的阅读范围，从中寻找影响其创作的因素，以便更准确地把握其作品的内涵，是文学研究中一种日益受到重视的方法。您是一个有着深厚知识背景的小说家，了解您阅读、借阅或收藏的书籍，看待您对这些作家作品的态度，论述这些作品对您创作的影响，这一切对探秘您的小说世界有着重要的意义。

卡夫卡说："写作是一种祈祷的形式。"卡夫卡通过创作，捏到了生命的痛处，震撼了现代人的心灵。我想您也力图如此。期待您被世人认可，更被世人理解。

冯积岐：我认为，好的小说里能看见未来，作家也能够面对未来，为抵达未来而努力，这是需要作家拿出的勇气。因为，未来和当下有时候并不在一条道上跑。

我记得，《文艺研究》杂志的主编方宁先生给我说过："如果说，你的小说和当下的评论家、当下的读者的认知水平落下了很大的距离，你不被看好，是很正常的事情。如果说，你的小说超越了评论家和当下读者的认知水平，同样，不被正视，不被看好，这也是很正常的。关键在于，自己要掂量自己是前者还是后者。"方宁的话对我深有启示：面对未来，就是要面对孤独，面对被筛出中心，面对一种承担。

访谈二：我的生活的背靠点就在农村

访谈嘉宾： 冯积岐（曾任陕西省作家协会副主席）

主持人： 范墩子（农业科技报记者、青年作家）

时　间： 2018年8月

我喜欢和我塑造的人物亲密接触

范墩子： 冯老师，截至目前为止，您已写了不下10余部的长篇小说，中短篇小说更是举不胜举。写作中，您始终将目光对准在笔下的“松陵村”里，这样选择有什么目的？或者说，您对农村有着怎样的感情？

冯积岐： 是的。我出版的12部长篇小说和发表的250多部中短篇小说，其故事大都发生在一个名叫松陵村的地方。松陵村确实是虚构的，它如同威廉·福克纳笔下的约克纳帕塔法县，如同沈从文笔下的湘西和莫言笔下的高密东北乡。松陵村是小说的空间，人物活动的舞台，也是我生活的背靠点。我以为，一个好的作家必须有牢靠的生活背靠点。我当过二十年农民，我的背靠点就在农村。可以说，对农村的胡子、眉毛我都是稔熟的，因此，我只能写我熟悉的生活。我觉得，我是一个经验型作家，离开我熟悉的生活，就像人们离开了空气一样。这不仅仅是因为我对故乡有深切的感情。

范墩子： 长篇小说《村子》一直被您视为自己的得意之作。陈忠实先生在阅读了这本小说之后，称之为“中国乡村社会生活演变的一部深刻而又真实的小说读本”。作为作者本人，您想在这本书里表达什么？

冯积岐： 我的长篇小说《村子》中所写的农村二十年的生活，同样是我亲身体验过的，改革的过程是我亲自参与和经历过的。当然，作为小说，其人物和故事都是虚构的。我当初的想法是：在社会变革中，写出农民的生活方式、情感方式、文化心理以及价值观的变化过程。同时，我思考的是：治理农村需要的究竟是道德上的完善者，还是有人格缺陷的强者？

范墩子： 您认为，小说家本人和故乡或者小说里虚构的人物应该保持一种怎样的关系？

冯积岐： 我以为，一个好的作家应该和这个时代保持紧张的关系。这和我对故乡浓厚的感情是两回事。作者笔下的每一个人物都是虚构的，都寄托着作者的情感和思想。因此，我喜欢我塑造的每一个人物，喜欢和他们亲密接触。

范墩子： 某种意义上说，您用自己高超的虚构能力，将千姿百态的现实浓缩在有限的空间里，为这个时代提供了一种格外逼真的现实。您觉得，现代小说和时代有着怎样微妙的关系？

冯积岐： 作为一个作家，生活在特定的历史阶段，有责任去记录时代生活，去表现时代生活。关键是要真诚，不要把伪生活留给后代。我经常思考的是，《半夜鸡叫》中的周扒皮，《白鹿原》中的白嘉轩，哪一个更符合历史的真实？或者说，都只是侧面。我觉得，好的小说是时代的一面镜子。好的小说家用文字把一个时代钉在了历史的立柱上，过去几百年再看，他所记录的那个时代是接近真实的，他的人物依旧是活的。

范墩子： 上周一是"世界阅读日"，您认为，阅读对于我们当下有着怎样的意义？对您影响最大的书是哪一本？

冯积岐：一个好的作家，一生都在读和写之中。十九世纪和二十世纪的大师们构筑的文学高地，中国当代作家只能仰望，没有人能达到。只有通过阅读方能知道高峰在哪里。在泥沙俱下的当今，一定要读好书。我写了三十多年，读了三十多年。要说哪一本书、哪一个作家对我的影响最大，我说不准。比方说，读了福克纳，我知道了怎么处理时间和空间，怎么结构。从陀斯妥耶夫那里，我学到了写出人物性格的复杂性。

优秀的传统文化多数在乡村

范墩子： 请谈谈您对改革开放四十年来的切身感受。

冯积岐： 我是沿着改革开放四十年的路走过来的。这四十年来，我们这个民族、我们的国家确实发生了天翻地覆的变化，这是有目共睹的事实。首先是人的解放。改革开放以后，国人大都解放了思想，解放了观念，解放了思维，解放了生活方式和行为方式。我亲历了农村改革，亲历了生产责任制的实行，我深切地体会到，改革是一件复杂而艰难的事情。改革对个体来说，等于砍尾巴，是会有痛感的。1982 年，我们那里实行生产责任制、分田到户时，我在生产大队当干部。当时，确实有一部分农民接受不了，就像我在《村子》中所写的那样，他们以为分田到户就是资本主义，说什么辛辛苦苦三十年，一夜回到解放前。希望改革的农民毕竟是大多数，在这些农民和各级干部的坚持下，生产责任制还是实行了。改革真不容易。我们要珍惜改革成果。要实现民族复兴，就要坚持改革，改革不动摇。

范墩子：乡村文化是中国传统文化的根基。在今天，您认为该如何将很多优秀的乡村文化传承下来？

冯积岐：我们乡村文化中的一些优秀的东西确实丢失了，这是不争的事实。原因是多方面的。一个重要的因素是，我们的价值评价体系失衡了。一些人的价值观改变了。享乐和精致的利己主义成为一些人活着的手段和目标，因此，他们不敬畏天地，不敬畏生命，什么都敢做。而优秀的乡村文化之所以优秀，其中，有好多东西如同悬在我们头顶的一把利剑。它其实也是文化警界。可是，当代一些人无视警界，而且常常越界，这些传统的优秀文化就如同摆设了。比方说，伦理文化，村社文化，养老问题，这些文化常识也失却了。这并非全是金钱带来的灾难。过去的大户人家，钱那么多，他们的文化坚守还是不错的，《白鹿原》中的白嘉轩就是楷模。我也开不出什么方子来。文化是人的思维方式和行为方式的总和。要改善这两种方式，要从文化渗透开始，提高人的文化教养。人人都有教养，优秀的文化传统自然就发扬光大了。

附录 |

附录一

冯积岐简历

1953 年，出生于陕西省岐山县北郭乡陵头村。

1959—1964 年在北郭乡陵头村小学、北杨村小学读书。

1964—1967 年在岐山范家营中学读书。

1968 年，回陵头村务农。

1979—1983 年在北郭乡陵头生产大队任大队干部，兼任村兽医，广播员。

1984—1988 年在北郭乡任广播站通讯员、站长。

1983 年，在《延河》杂志发表短篇小说《续绳》(处女作)。

1988 年 9 月—1990 年 7 月，在西北大学中文系作家班读书，获得大学文凭。

1988 年，同时在陕西省作家协会《中外纪实文学》杂志担任编辑。

1989 年，加入陕西省作家协会。

1994 年，被陕西省人事厅录取纳入事业编制，加入中国作家协会。

1995—2000 年，在陕西省作家协会《延河》杂志社任编辑、小说组组长。

2001—2013 年，陕西省作家协会创作组任专业作家、创作组组长。

2004 年 3 月，在中央党校参加全国文艺骨干创作培训班。

2005—2007 年，在宝鸡市凤翔县挂职担任县委副书记。

2006 年，出席中国作家协会第七次全国代表大会。

2007 年 9 月，当选第五届陕西省作家协会副主席。

2011 年，出席中国作家协会第八次全国代表大会。

2013 年，退休。

附录二

冯积岐小说发表年表

1983 年

《续绳》	《延河》5 期

1986 年

《舅舅外甥》	《延河》1 期 《作品与争鸣》4 期转载

1987 年

《豹子下山》	《延河》6 期

1988 年

《日子》	《延河》1 期
《在那个夏天里》	《中国西部文学》5 期
《地下水》(中篇小说)	《中国西部文学》6 期

1989 年

《午间》	《中国西部文学》1 期
《夏天到秋天》	《延河》11 期

《木头坡》	《秦都》6 期

1990 年

《丈夫》	《清明》6 期
《乡政府人物》	《中国西部文学》5 期

1991 年

《妻子她》	《延河》1 期
《戏子》	《岁月》1 期
《一夜无月光》	《山花》6 期
《黑洞》	《秦岭文学》1 期

1993 年

《雨雨》	《北方文学》4 期
《想起那一天颤悠悠》	《五月》4 期
《不动感情》	《延河》3 期
《烟尘》(中篇小说)	《天津文学》7 期

1994 年

《烟》	《延河》1 期
《断指》	《延河》1 期
《一种生活》	《延河》1 期
《红拖鞋》	《朔方》1 期
《那天晌午》	《朔方》1 期
《狼狗》	《朔方》1 期
《玉米地》	《朔方》4 期
《没有屋顶的房子》	《天津文学》7 期
《土崖遮出的阴影》	《天津文学》7 期
《我的农民父亲和母亲》(中篇小说)	《朔方》10 期 《小说月报》1995 年 1 期转载
《乡村干部》(中篇小说)	《鸭绿江》10 期
《走进神话》	《西安日报》4 月 3 日
《人生舞台》	《西安日报》11 月 10 日

《那个寒冷的早上》	《西安日报》2 月 27 日
《小飞和画家》	《朔方》12 期

1995 年

《拴在一根子上的孕妇和勋章》	《延河》1 期
《星期天和星期一早晨》	《清明》5 期
《最后一个木匠》	《飞天》6 期
《寻找父亲》(中篇小说)	《延河》6 期
《干旱的九月》(中篇小说)	《朔方》6 期
《杂姓》(中篇小说)	《芒种》6 期
《我们在山里活人》(中篇小说)	《秦岭文学》4 期
《银元》	《税收与社会》11 期
《月明，月明》	《华山文学》3 期

1996 年

《露水草》)(中篇小说)	《中国西部文学》3 期
《眼镜》	《青海湖》7 期
《祖母或我们村里的那棵松树》	《牡丹》4 期
《革命年代里的排练和演出》(中篇小说)	《朔方》4 期
《结局》	《作品》9 期
《我的岳父和两个岳母》(中篇小说)	《山丹》9 期

1997 年

《这块土地》(中篇小说)	《当代》1 期
《短暂的军帽》	《珠海》1 期
《曾经失明过的唢呐王三》	《人民文学》2 期
	《小说选刊》4 期转载
《有关两个头颅》	《牡丹》3 期
《蛋形花坛》	《中国西部文学》1 期
《林的故事》	《青海湖》5 期
《一炷香》	《芒种》9 期
《在边缘》(中篇小说)	《牡丹》5 期
《武惠兰打井》	《绿洲》5 期

《想起了老黄》	《北方文学》9 期
	《中华文学选刊》6 期转载
《城堡的短暂迷失》	《珠海》6 期

1998 年

《寻找》	《作品》2 期
《老黑》	《青海湖》2 期
《不能责怪父亲的年代》	《太阳》1—2 期
《在公园》	《绿洲》2 期
《村办歌舞厅》(中篇小说)	《绿洲》2 期
《祖父之死》(中篇小说)	《天津文学》4 期
	《小说选刊》7 期选
《硬币》	《税收与社会》2 期
《去年今日》	《延河》7 期
《手》	《延河》7 期
《树上的眼睛》	《延河》7 期
《黄土》	《青年文学家》6 期
《种瓜得豆》(中篇小说)	《芳草》7 期
《目睹过的或未了却的事情》	《山花》7 期
《炮人》(中篇小说)	《小说》4 期
《跟踪》	《武汉晚报》5 月 30
《杀人者》(中篇小说)	《牡丹》5 期
《母与子》	《北方文学》10 期
《我等着你回答》	《佛山文学》10 期
《潇洒》	《山东文学》11 期
《我和前妻》	《武汉晚报》2 月 7 日

1999 年

《下场》(中篇小说)	《章回小说》2 期
《朋友》	《朔方》7 期
《别有洞天》	《绿洲》3 期
《塌坍的房屋》	《作品》1 期

《谁之错》(中篇小说) 《章回小说》11 期

《结交小曼》 《作品》10 期

《家事如烟》(中篇小说) 《百花洲》2 期

《雪过天晴》 《当代小说》8 期

《护士邹月仙》(中篇小说) 《山东文学》9 期

《画家》 《长江文艺》11 期

《留下来的》 《芳草》7 期

《夜走他乡》 《福建文学》1 期

《玩蛇的女孩》 《鸭绿江》1 期

《袒露的部分》(长篇小说) 《当代作家》1 期

《误入歧途》(中篇小说) 《佛山文艺》8 期

《在伞下》(中篇小说) 《百花洲》6 期

《打开窗户》 《湖南文学》2 期

《与靓女同行》 《佛山文艺》12 期

2000 年

《皮匠》 《鸭绿江》1 期

《房子》 《西北军事文学》1 期

《盼》 《税收与社会》1 期

《渭河滩》(中篇小说) 《绿洲》1 期

《沉默的粮食》(中篇小说)(获武汉市文联《芳草》小说奖)《芳草》5 期

《带小狗的女人》 《作品》5 期

《成熟》 《山花》6 期

《如画》 《滇池》6 期

《流鼻血的少年》 《青春阅读》7 期

《农民某一天的生活》 《朔方》8 期

《后墙上的窗口》 《山东文学》9 期

《在树下》(中篇小说) 《作品》10 期

《舅父的一生》 《青海湖》8 期

《故乡来了一位陌生人》 《北京文学》12 期

《王者后裔》 《北方文学》12 期

2001 年

《老人》	《西北军事文学》1 期
《没事》	《滇池》1 期
《毁灭》	《青春阅读》2 期
《黄芩》	《鸭绿江》4 期
《人生暗角》	《福建文学》5 期
《村桩》(获吐鲁番文联小说奖)	《芳草》5 期 《小说精选》12 期转载
《夏天里的几种可能》	《牡丹》5 期
《西部警察》(中篇小说)	《芳草》12 期
《九月之月》(中篇小说)	《延安文学》5 期
《影子》	《长江文艺》12 期
《惊恐不安》	《税收与社会》4 期
《青龙镇》	《税收与社会》12 期

2002 年

《那年他十七岁》	《青春阅读》1 期
《母亲》	《青海湖》2 期
《棉花》	《山东文学》3 期
《一束亮光》	《牡丹》2 期
《农事诗》(短篇二题)	《西南军事文学》1 期
《盗窃》	《鸭绿江》3 期
《摇晃不定的深秋》	《朔方》9 期
《梅草的婚姻》	《福建文学》7 期
《秀发缠身》	《滇池》5 期
《葡萄园》	《芳草》10 期
《关于那个怪人》	《芒种》11 期
《又是一年麦黄时》	《时代文学》6 期
《遭遇城市》	《青海湖》12 期
《出走》	《北方文学》4 期
《晌午的阳光》	《青春阅读》12 期

2003 年

《苹果王》 《青海湖》3 期

《演戏》 《芒种》7 期

《半夜敲门》 《山东文学》6 期

《刻石碑的老人》 《西北军事文学》3 期

《汉中姑娘》 《芒种》12 期

2004 年

《兽医站手记》 《青海湖》2－3 期

《我是汉中姑娘》 《佛山文艺》1 期(上)

《痛痛快快哭一场》 《佛山文艺》3 期(上)

《画家之死》 《福建文学》4 期

《扫院子的女人》 《清明》4 期

《死去也好看》 《西湖》9 期

《走来走去的女人》 《青春阅读》10 期
《小说精选》12 期转载

《到孤岛去》 《佛山文艺》11 期(下)

2005 年

《麦地里的玉佩》 《福建文学》1 期

《逃》(获青海省作协《青海湖》小说奖) 《青海湖》1 期
《小说精选》6 期转载

《两个少年一天的愉快生活》 《山东文学》4 期

《这个叫麦叶的女人》 《佛山文艺》4 期(下)

《我们村的最后一个地主》 《延河》6 期
《小说月报》8 期转载

《电话机》(中篇小说) 《长城》6 期

《摧毁》 《青春阅读》12 期

2006 年

《刀子》 《延河》2 期
《小说月报》4 期转载

《王妮睡着了》	《青海湖》3 期
《一个人的爱情》	《作品》11 期
《我和我的朋友夫妇》	《山东文学》7 期
《会飞的奶牛》	《青海湖》9 期

2007 年

《村里发大水》	《绿洲》1 期
《气味》	《青海湖》3 期
《一个女人和两辆轮椅》	《佛山文艺》4 期
《艳遇》	《佛山文艺》7 期
《女县长》	《青春阅读》7 期
《此情绵绵》	《山东文学》7 期
《两个太阳》	《牡丹》5 期
《一幅画》	《滇池》9 期
《风吹草不动》	《福建文学》11 期
《皮影、或局长之死》	《绿洲》6 期

2008 年

《一顶草帽》	《延河》5 期
《牵马的女人》	《牡丹》3 期
	《小说选刊》4 期转载
《似梦非梦》	《红豆》10 期
《草叶的戏剧人生》	《佛山文学》7 期
《黑牡丹》	《芙蓉》1 期
《野猪闹山》	《绿洲》12 期
《周旋》	《山东文学》5 期
《你是个叛徒》	《天津文学》7 期
《雪夜走山》	《福建文学》11 期
《两个冬天，两个女人》(长篇)	《长篇小说·安徽文学》10 期

2009 年

《捉奸》	《佛山文学》6 期
	《短篇小说》8 期转载

《月亮》	《佛山文学》1 期
《四百九十八棵洋槐树》	《小说月报 · 原创版》1 期
《窑沟人的生活》(之一)	《牡丹》1 期
《最后的铁匠》	《朔方》8 期
《捉奸》	《北京文学》6 期
《农妇祁红霞》	《延河》10 期
《老教授和黑玫瑰》	《绿洲》11 期
《拿住》	《绿洲》11 期
《片断》	《边疆文学》11 期
《六叔之死》	《星火》5 期
《苗珍的故事》	《延河》12 期
《乡长流泪了》	《雨花》5 期
《空落落的村庄》	《山东文学》8 期
《心愿》	《西南军事文学》6 期
《与禽兽同眠的日子》	《佛山文艺》11 期
《抱花盆的女人》	《佛山文艺》11 期
《田三告状》	《牡丹》11 期
《井》	《牡丹》11 期
《宝剑》	《牡丹》11 期

2010 年

《成人仪式》	《延河》11 期
《重生门》	《延河》11 期
《最后一课》	《西南军事文学》6 期
《人生难料》	《绿洲》5 期
《一双布鞋》	《红豆》6 期
《西安办事处》	《回族文学》6 期
《黑有娃和白雪龙》	《草原》4 期
《突然心慌》	《佛山文艺》11 期 《小说选刊》12 期转载
《妈妈，你不能那样》	《天津文学》4 期

《镜子》 《福建文学》5 期
《谁是真正的元凶》 《边疆文学》7 期
《西瓜地》 《朔方》7 期
《黑衣女人》 《山花》5 期
《戴帽子的杉树》 《边疆文学》12 期
《厦门文学》12 期
《今年她才四十岁》 《山花》12 期

2011 年

《两厢亏欠》 《佛山文艺》6 期
《八月，八月》 《天津文学》2 期
《厦门文学》7 期
《扫街道的女人》 《牡丹》1 期
《预演》 《滇池》10 期
《故乡和那个男孩儿》 《作家》2 期
《等待二十年》 《边疆文学》5 期
《门和窗子都开着》 《小说月报·原创版》1 期
《离婚》 《小说月报·原创版》1 期
《习惯没有你的日子》 《小说界》2 期
《一夜未了情》 《山花》9 期
《各怀心事》 《芙蓉》3 期
《预演》 《上海文学》10 期
《作品与争鸣》12 期转载
《一桩凶杀案》 《鸭绿江》12 期
《远去的故乡》 《延河》11 期

2012 年

《碗的故事》 《绿洲》2 期
《飞翔》 《山花》4 期
《父亲的档案》 《清明》6 期
《地主和他的二房》 《安徽文学》7 期
《你不想做什么》 《边疆文学》8 期

《死了都要爱》	《佛山文艺》9 期
《我想做点什么》	《延河》9 期
《柿子，柿子》	《延河》9 期
《二爸，我的二爸》	《天津文学》11 期
《我和厅长夫人》	《福建文学》11 期

2013 年

《抢劫之后》	《清明》1 期
《崆山》	《朔方》2 期
《供词》	《绿洲》3 期
《和一把镰刀相关的故事》	《北京文学》5 期
《约会之后》	《厦门文学》8 期
《凋谢的莲花》	《佛山文艺》10 期

2014 年

《金人头像》	《朔方》1 期
《情绪太白山》	《绿洲》2 期
《一只狗和山里人》	《清明》4 期

2015 年

《道德模范》	《天津文学》1 期
《白鸽》	《绿洲》1 期
《好女人田菊香》	《佛山文艺》3 期

2016 年

《赶在枪响之前》	《天津文学》3 期
《假戏真做》	《绿洲》3 期
《偿还》	《朔方》4 期
《奔跑》	《飞天》7 期
《匕首》	《作家》8 期
《良心》	《西安晚报》11 月 19 日

2017 年

《在阳台》	《山东文学》1 期

《叔父和他的儿子们》(中篇)	《天津文学》1 期
《她不是那种女人》	《佛山文艺》1 期
《放弃》	《北京文学》2017 年 2 期
《一天，两地》(中篇)	《花城》5 期
《玩笑》	《厦门文学》5 期
《当你们谈论爱情的时候谈什么》	《当代小说》6 期
《死去活来》	《文学港》7 期
《秘密》	《山花》8 期
《谁是罪人》	《佛山文艺》9 期
《田花妮》	《文谈》
《代课老师》	《西安晚报》5 月 6 日
《心愿》	《宝鸡日报》3 月 22 日

2018 年

《没有关闭的两扇门》	《文学港》1 期
《艰难向善》	《天津文学》5 期
《三个年轻人》	《广西文学》5 期
《月亮地里》	《延河》4 期
《房间里的密秘》	《广州文艺》6 期
《夜晚翻了个身》	《飞天》4 期
《父亲和他的哑巴儿子》	《绿洲》2 期
《穷人郭义安》	《牡丹》7 期
《撕扯》	《厦门文学》10 期
《等待》	《清明》6 期

2019 年

《从容淡定》	《广州文艺》》2 期
《最后一封信》	《绿洲》4 期
《不语》	《山花》2 期
《桃花山》(中篇)	《天津文学》1 期

附录三

冯积岐出版长篇小说和散文随笔集目录

一、长篇小说

《沉默的季节》	长江文艺出版社，2000 年 12 月第一版
	2001 年 12 月第二版
《逃离》	太白文艺出版社，2010 年 10 月第一版
	2013 年 10 月第二版第 4 次印刷
《敲门》	山东文艺出版社，2005 年 1 月第一版
《大树底下》	太白文艺出版社，2005 年 1 月第一版
	2007 年 1 月第二版
《两个冬天，两个女人》	文汇出版社，2011 年 3 月第一版
《村子》	太白文艺出版社，2007 年 1 月第一版
	太白文艺出版社，2011 年 10 月第二版
	太白文艺出版社，2012 年 10 月第 3 次印刷
	太白文艺出版社，2013 年 11 月第五版
《遍地温柔》	中国社会出版社，2008 年 10 月第一版
《沉默的年代》	中国社会出版社，2008 年 10 月第一版
《粉碎》	文汇出版社，2012 年 1 月第 1 版
《非常时期》	文化艺术出版社，2013 年 1 月第一版
《旋涡》	作家出版社，2014 年 8 月第一版
《重生》	湖南文艺出版社，2015 年 9 月第一版
《关中》	江苏文艺出版社，2015 年 5 月第一版
《渭河史》	江苏文艺出版社，2019 年 8 月第一版
《西府关中》	安徽文艺出版社，2O19 年 6 月第一版

二、冯积岐长篇作品集

《大树底下》《粉碎》《逃离》《村子》《遍地温柔》《两个冬天，两个女人》《敲门》《沉默的季节》

文化艺术出版社，2013 年 4 月第一版

三、作品集

散文随笔集：

《凤鸣医魂》 陕西人民出版社，1992 年 5 月第一版

《将人生说给自己听》 陕西人民教育出版社，1993 年 7 月第一版

《人的证明》 太白文艺出版社，1998 年 1 月第一版

《没有留住的》 当代中国出版社，2002 年 8 月第一版

《挂职日记》 新华出版社，2006 年 3 月第一版

《品味经典》 陕西师范大学出版社，2018 年 12 月第一版

短篇小说集：

《我的农民父亲和母亲》 燕山出版社，1999 年 2 月第一版

《小说三十篇》 东方出版社，1998 年 8 月第一版

《刀子》 作家出版社，2006 年 7 月第一版

《牵马的女人》 现代书局，2016 年 1 月第一版

《冯积岐短篇小说自选集》 陕西人民出版社 ，2012 年 3 月第一版

《突然心慌》 太白文艺出版社，2019 年 1 月第一版

《门和窗户都关着》 太白文艺出版社 ，2019 年 1 月第一版

跋

他是继路遥、陈忠实、贾平凹之后，陕西作家中的一位领军人物。有学者预言："他是下一位引发中国文坛瞩目的作家。"他就是——冯积岐。

冯积岐的人生本身就是一部厚重的小说。他的人生史和创作史用两个字可以概括：苦难——生活苦难和精神苦难。这种苦难像一双黑色的翅膀在他的生命中不停歇地扇动着。也许，这种苦难会伴随他的一生。然而，他没有被苦难击倒。而立之年，当他拿起笔开始伏案写作的时候，他就把自己交付给了文学。他说："我的活着就是写作，我的写作就是活着。"正如陈忠实所说："他在闷着头却又是义无反顾地进行着自己独特的艺术实践，既不做轻易吹牛式的表态，更不向任何时兴的艺术流派靠拢，而是执意要创造出自己艺术理想里的长篇小说景观。"《文艺研究》杂志主编方宁先生对他的评价更为准确、深刻："他太熟悉和了解当初给了他生命的土地、同时给了他历史创痛的乡村，这些都构成了他与生俱来的生命的印记，也是他不断写作不断拿出力作的源泉。"

对于每一个读者来说，冯积岐的人生史和创作史都是一面镜子，从中映现出的不仅仅是当年的地主"狗崽子"历经的沉浮颠簸、华丽蜕变，而且可以触摸到现实生活和时代对一个作家的锤炼与塑造。我们在冯积岐身上阅读到的除了一般人的不甘与执着，还有一种强大的"活着"的意念，其中蕴含着对文学圣徒般的狂热与追求。他与生俱来的苦难、挥之不去的悲观情结，使他自觉不自觉地把自己悬浮于都市的喧哗之上，似隐者一般孤独地傲立于文坛的评说之外，安静地用手中的一支笔阐释人生信息与文学梦想，如希腊神话中的西西弗，用生命一次又一次地进行着文学的探索与掘进。他的笔背负着沉重的历史，他用文学思考着人的命运。三十多年来，他用心血铸成的二百九十部中短篇小说和十四部长篇小说不断地在完成着“人的证明”。这也是在“解放”之后，生命力量的再次喷发。

三十年多来，冯积岐一直在痛苦、不安、彷徨、奋争乃至愤怒之中——他和现实没有和睦相处，而是保持着紧张的关系——这是他精神上的痛点之所在，也是他的创作力量不衰的原因。冯积岐看似羸弱，内心却是十分强大。他脸庞上的忧郁、沧桑与细眯眯的眼睛中闪烁的智慧与坚毅并存，体现了作家人生的丰富性。

翻开冯积岐评传，撩开他的内心生活，也许，我们会感慨：这才是血肉丰满的“这一个” 作家——冯积岐。

2013 年 初稿

2014 年 在《传记文学》连载 12 期

2019 年初 修改第一稿

2019 年 4 月 修改第二稿

2019 年底 修改第三稿

2020 年 4 月 11 日 修改第四稿

2020 年 8 月 1 日 修改第五稿

2020 年 11 月 21 日 修订